신에게는
아직 12척의 배가
있습니다

이순신과 류성룡의 임진왜란 이야기

신에게는 아직 12척의 배가 있습니다

이규희 글 · 이경석 그림
전국초등사회교과모임 감수
서울대 뿌리깊은 역사나무 추천

또보북

차례

뒤숭숭한 하루 6

수레에 실려 한양으로 가다 25

흰옷 입고 떠나는 길 48

신에게는 아직 12척의 배가 있습니다 72

류성룡의 편지 91

노량 바다에서 별이 지다 101

이제 신이 할 수 있는 일은 없사옵니다 118

깊이 보는 역사 - 임진왜란 이야기 127

작가의 말 136

참고한 책 138

뒤숭숭한 하루

 폭풍우가 몰아쳤다. 파도는 금방이라도 해안가에 묶어 둔 전선들을 다 부숴 버릴 듯 기세가 대단했다. 그때였다. 사납고 캄캄한 바다 한가운데서 고래 같기도 하고 저승사자 같기도 한 검은 형체들이 서서히 다가오는 게 보였다.
 "대체 저게 무엇인가?"
 이순신은 눈을 끔뻑거리며 먼 바다를 바라보았다. 그들은 마치 파도 따윈 두렵지 않다는 듯 너울을 타고 넘실넘실 점점 더 가까이 다가왔다.
 "앗, 저, 저건!"
 이순신은 벌어진 입을 다물지 못했다. 수십, 수백 명은 족히 넘는 왜군들이 검은 전투복을 입고는 물 위를 걸어서 한산도 본영 쪽으로 오고 있는 게 아닌가.

"너희들이 사람이냐, 귀신이냐? 어찌 배도 없이 바다를 걸어서 온단 말이냐?"

이순신은 허리에 찬 장검을 꺼내 들고 냅다 호통을 쳤다. 하지만 그들은 눈 하나 깜짝하지 않고 점점 더 거리를 좁혀 왔다. 그때 맨 앞에 있던 왜군 장수 하나가 소리쳤다.

"이순신, 우리는 죽어서도 네놈을 잊지 않았다! 우리가 물귀신이 된 건 다 네놈 때문이다! 그러니 너도 오늘 우리 손에 죽어야겠다."

왜군 장수는 험악한 얼굴로 이순신을 향해 거침없이 달려왔다. 그 뒤를 따르던 왜군들도 우르르 달려들었다.

"감히 귀신 따위가 나를 해하려 한단 말이냐, 에잇!"

이순신은 장검을 높이 들고 고함을 쳤다. 하지만 이게 어찌된 일인가. 아무리 장검을 휘두르려 해도 손아귀에 힘이 없었다. 그러는 사이 왜군들은 어느 틈에 굵고 질긴 밧줄로 이순신의 온몸을 칭칭 옭아맸다.

"네 이놈들!"

이순신은 호통을 치며 올가미에서 빠져나오려 안간힘을 썼다. 하지만 그러면 그럴수록 올가미는 더욱 더 옥죄어 왔다.

그때 누군가가 이순신을 애타게 부르는 소리가 들려왔다.

"장군님, 장군니임! 대체 무슨 꿈을 꾸셨기에 이리 용을 쓰셔요? 이부자리가 땀으로 푹 젖었어요."

눈을 번쩍 뜨니 시종을 드는 바우였다. 왜군에게 부모를 잃고 홀로 남은 아이를 데려다 곁에 둔 지 벌써 1년째였다. 이제 열두 살인 바우는

이순신을 부모처럼 여기며 늘 따르고 재빠르게 시중을 들었다.
"허허, 내가 가위에 눌린 모양이구나. 이제 괜찮다."
이순신은 애써 헛웃음을 지어 보였다. 하지만 어쩐지 개운치가 않았다.
'허, 왜놈 귀신들에게 해코지 당하는 꿈을 꾸다니! 참으로 기이한 일이로다.'
이순신은 뒤숭숭한 마음을 안고 서둘러 바다로 나갔다. 꿈에서처럼 행여 왜군이 기습 공격을 해 오는 게 아닌가 걱정이 되어서였다. 다행히 바다는 그 어느 때보다 조용했다.
동이 터오는 바다를 바라보니 문득 전라좌도 수군절도사가 되어 여수 본영으로 내려오던 때가 떠올랐다.

임진왜란이 일어나기 딱 1년 전, 왜에서 전국을 통일한 도요토미 히데요시가 조선을 거쳐 명나라를 치려 한다는 놀라운 소식이 조정으로 날아왔다.
"전하, 이참에 통신사를 보내 그의 속마음을 떠보는 게 어떠하온지요?"
류성룡이 선조에게 아뢰었다.
"그 방법이 옳을 줄 아옵니다."
아무리 생각해도 뾰쪽한 수가 없었던 조정 대신들도 맞장구를 쳤다. 마침내 선조는 서인 대표 황윤길을 정사로, 동인 대표 김성일을 부사로 삼아 통신사 일행을 교토로 보냈다.

이듬해 도요토미 히데요시를 만나고 돌아온 황윤길과 김성일이 어전에 나와 보고를 하였다.

정사 황윤길이 아뢰었다.

"전하, 도요토미 히데요시는 소문대로 이미 조선을 거쳐 명나라까지 정벌할 계획을 세우고 있는 듯 보이니 방비*를 서둘러야만 하옵니다."

부사 김성일이 반박을 하고 나섰다.

"그렇지 않사옵니다. 도요토미 히데요시가 조선을 침략할 징조는 어디에서도 발견하지 못했나이다."

두 사람의 의견은 서인, 동인으로 나뉜 붕당의 견해 대립만큼이나 서로 달랐다. 선조는 동인의 세력이 더 우세함을 생각해 김성일의 편을 들어 주었다.

"그대가 정사 황윤길과 다르게 말하는데 만일 정말로 전쟁이 일어나면 어쩌려고 그러는 게요?"

황윤길의 판단이 옳다고 믿은 류성룡은 김성일에게 따지듯 물었다.

그제서야 김성일은 속마음을 드러냈다.

"저도 어찌 왜군이 쳐들어오지 않으리라 단정하겠습니까? 다만 온 나라가 놀라고 허둥댈까 두려워 그것을 염려하여 그런 것입니다."

"허허, 왜군이 쳐들어올 걸 알면서도 온 나라와 백성들이 두려워할까 봐 거짓 보고를 올렸단 말이오? 만약 저들이 쳐들어온다면 조선은 그들을 당해 내지 못할 거라는 걸 모르시오?"

---

* 적의 침입이나 피해를 막기 위하여 미리 지키고 대비함. 또는 그런 설비.

류성룡은 탄식하였다. 왜는 전국을 통일하는 동안 숱한 전쟁을 통해 훈련된 무사들이 많았다. 하지만 조선은 거의 200여 년에 이르는 동안 이렇다 할 큰 전란이 없었다. 문치를 우선하는 정책을 펼쳤으며, 잦은 군사 제도의 변화로 군사들의 기강 또한 해이해져 있었다. 게다가 조정 대신들 중에도 왜군이 쳐들어올 것이다, 아니다 하며 의견이 엇갈릴 때였다.

'왜는 바다를 건너올 것이다. 그렇다면 조선의 바다를 지킬 이는 이순신밖에 없다.'

류성룡은 어린 시절 남산 밑 건청동에서 함께 지냈던 이순신을 떠올렸다. 나이는 비록 류성룡보다 세 살 어렸지만 이순신은 또래 아이들 사이에서 언제나 대장 노릇을 할 만큼 그 기개와 지략이 뛰어났다. 게다가 이순신은 문관 출신 집안답게 글공부를 많이 하여 서예와 문장에도 아주 능통했다.

언제였던가. 어느 날, 한참 과거 준비를 하던 이순신이 류성룡을 찾아왔다.

"저희 집안은 오대조가 영중추부사와 홍문관 대제학을 지냈고, 증조부님은 병조 참의를 지내셨습니다. 하지만 할아버지가 기묘사화 때 화를 입은 뒤 아버님께서는 벼슬에 뜻을 두지 않아 가세가 기울었지요. 제가 문과에 급제하여 기울어진 집안을 일으켜 세워야 하는데, 저는 문관보다는 활 쏘고 말 타고 창칼을 쓰는 무관이 되고 싶은데 어찌하면 좋겠습니까?"

"나라를 위해 일하는 데에 문관, 무관이 어디 있느냐? 나도 비록 문관이 되고자 하지만 외적으로부터 나라를 지키기 위해서는 무엇보다 병법에 능해야 하기에 틈만 나면 병서들을 읽고 있다. 너처럼 기백이 뛰어나고 용맹스럽고 지략이 뛰어난 장수가 태어난다면 이 나라에 그보다 더 좋은 일이 어디 있겠느냐. 부디 그 뜻을 굽히지 말았으면 한다."

류성룡은 이순신에게 충고를 아끼지 않았다. 그래서였을까, 이순신은 그 뒤 무과에 급제해 변방을 지키는 장수가 되었다. 류성룡은 이순신이 어느 곳에 가 있든 서신을 주고받으며 서로의 소식을 전했다.

'지금 이순신이 정읍 현감으로 가 있지 않은가? 지금처럼 나라가 위태로울 때에 이순신처럼 뛰어난 장수가 왜군이 쳐들어오는 남쪽 바다를 지켜 준다면 얼마나 든든할까? 뛰어난 장수는 육지와 바다를 가리지 않고 군사를 잘 이끄는 법, 병법에 능한 이순신이라면 바다에서도 반드시 그 일을 맡아 해낼 수 있으리라.'

류성룡은 머지않아 왜군이 침입할 거라는 것을 확신했다. 그렇다면 유비무환, 앞날을 대비하기 위해서라도 어떻게든 이순신을 전라좌도 수군절도사로 내려보내고 싶었다.

마음이 다급해진 류성룡은 선조에게 간청하였다.

"전하, 이순신에게 전라도 쪽 바다를 맡기시옵소서! 그는 능히 그 일을 해내고도 남을 사람이옵니다. 또한 형조 정랑인 권율을 의주 목사로 삼아 육지의 방비를 맡기시옵소서."

하지만 조정 대신들의 반대가 만만찮았다.

"전하, 이제 겨우 종육품 현감인 이순신에게 정삼품 수군절도사라는 벼락감투를 내리는 건 천부당만부당한 일이옵니다!"

"전하, 신의 집이 이순신과 같은 동네였기 때문에 어려서부터 그의 사람됨을 잘 알고 있사옵나이다. 부디 그에게 조선의 앞바다를 맡겨 주옵소서! 장차 이 나라의 운명이 달린 일이옵니다!"

류성룡도 좀처럼 자신의 뜻을 굽히지 않았다. 다행히 특별한 대책이 없었던 선조는 류성룡의 추천을 받아들여 이순신을 전라좌수사로 임명했다.

얼마 뒤, 류성룡의 예견대로 왜는 명나라를 치러 갈 터이니 길을 비켜 달라는 빌미로 1592년 4월 13일, 30만 대군을 9개 대대로 나누어 조선으로 쳐들어왔다.

"왜군이 쳐들어왔다! 왜군이 쳐들어왔어!"

미처 전쟁 준비를 하지 못한 조선은 우왕좌왕 어찌할 바를 몰랐다. 남쪽에서 올라오는 소식은 그 불안감을 더욱 부채질하였다. 부산진성을 지키던 첨사* 정발, 동래성을 지키던 부사 송상현이 왜적과 맞서 싸우다가 죽고, 제일 먼저 나가서 싸워야 할 경상좌수사 박홍마저 왜군이 부산진성과 동래성을 무너뜨렸다는 말을 듣자 전선 103척을 바다에 빠뜨린 뒤 줄행랑을 쳤다. 경상우수사 원균도 겁에 질린 채 수군을 해산시킨 뒤

---

* 첨절제사의 약칭으로, 조선 시대에 각 진영에 둔 종삼품 무관 벼슬.

배 60여 척과 무기를 바다에 몽땅 던져 버린 채 달아났다. 경상도 쪽 바닷길이 훤히 열리자 왜군은 파죽지세로 한양을 향해 진격하였다.

"아아, 이제 이 나라는 어찌 해야 좋을꼬!"

"전하, 어서어서 몸을 피하셔야 하옵니다!"

왜군이 겨우 20여 일 만에 한양까지 쳐들어오고 있다는 소식을 들은 조정 대신들은 허둥지둥 선조와 함께 피난길에 올랐다.

"나라님이 도망을 가면 우리 백성들은 어찌합니까?"

"에잇, 백성을 버리는 임금이 무슨 임금이란 말이냐!"

화가 난 백성들은 경복궁과 창덕궁, 창경궁으로 몰려가 불을 지르며 통곡하였다. 하지만 선조의 대가^{*}는 어느 틈에 임진강을 건너 개성 쪽으로 향하고 있었다.

선조가 피난을 떠난 뒤 한양으로 들이닥친 왜군은 닥치는 대로 백성들의 재물을 빼앗고 소총^{**}을 쏘고 칼을 휘둘렀다. 백성들의 울음소리는 강을 넘고 산을 지나 온 나라에 퍼져 나갔다. 그즈음 평양까지 피란을 간 선조는 왜군이 대동강까지 쫓아온다는 소식을 듣자 다급하게 의주로 향했다. 여차하면 명나라로 넘어가서 군사를 청한 뒤 한양을 되찾을 셈이었다.

하지만 류성룡의 생각은 달랐다.

---

* 임금이 타는 가마와 같이 고귀한 사람이 타는 탈것을 이르던 말.
** 1543년 일본이 포르투갈을 통해 받은 무기로, 하늘을 나는 새를 쏘아 맞혀서 떨어뜨릴 수 있다는 뜻으로 붙여진 이름. 1589년(선조 22) 황윤길 등이 일본에 사신으로 갔다가 오는 길에 쓰시마 도주에게 몇 자루를 선사받아 조선에 가지고 옴.

"전하, 그건 아니 되옵니다. 임금의 대가가 조선 땅 밖으로 한 걸음이라도 나가면 이제 이 나라는 우리 것이 아니라 왜의 것이 될 것이옵니다. 왜적의 총칼에 쓰러지고 있는 백성들을 생각해서라도 부디 이 땅을 지켜야만 하옵니다. 명나라에 구원병을 요청하는 건 사신을 보내면 될 일이옵니다."

선조를 모시고 의주까지 온 류성룡은 눈물로 호소하였다.

전쟁이 터지자 선조는 류성룡을 도체찰사*로 삼아 군량미를 거두어들이고 의병을 모으는 한편 명나라에게 구원병을 요청하도록 명했다. 하지만 당장 쳐들어오는 왜적을 막는 게 급했다. 이제 선조가 믿을 건 전라좌수사 이순신뿐이었다.

"신은 이미 준비를 마쳤나이다!"

이런 날이 올 줄 알고 미리미리 거북선을 만들고 수군을 훈련시키고 군량미를 장만해 온 이순신이었다. 이순신은 선조의 명을 받아 마침내 거북선과 판옥선을 이끌고 나가 옥포, 사천 등 여러 해전에서 왜적을 물리쳤다. 그리고 그 공로를 인정받아 전라도, 경상도, 충청도를 다스리는 삼도 수군통제사의 자리에 올랐다.

"장군님, 왜 이리 일찍 일어나셨습니까?"

이순신이 먼 바다를 보며 생각에 잠겨 있는 사이 나대용이 옆에 와 섰다.

---

* 조선 시대에, 전쟁이 났을 때 군무를 맡아보던 최고의 군직.

"어서 오게, 꿈자리가 사나워서 일찍 깼네그려. 아무래도 왜의 움직임이 수상해 보이네."

"왜는 지금 명나라와 강화 협상*을 하고 있지 않습니까?"

그즈음 왜는 조선과 명나라 연합군이 이끄는 평양성 전투와 권율이 이끄는 행주 대첩에서 크게 패했다. 그런데다 이순신이 남쪽에서 연전연승을 올리자 보급로가 막혀 애를 먹고 있었다. 전쟁을 더 끌었다간 돌아갈 길이 막힐 것을 염려한 왜는 결국 명나라와 강화 협상을 벌이는 중이었다.

"하지만 잠시 주춤했던 전쟁이 언제 또 일어날지 모르는 일이네. 우린 그사이 갖출 수 있는 모든 준비를 해 놓아야 한다네. 그래, 새 판옥선을 설계하는 일은 어떻게 되어 가는가?"

"네, 이제 격군들이 들어갈 선실만 꾸미면 완성될 것입니다."

"자네가 있어서 참으로 안심이 되네그려."

이순신은 흐뭇한 얼굴로 나대용을 바라보았다. 문득 1591년 전라좌도 수군절도사가 되어 여수 본영으로 내려왔을 때 처음 만났던 나대용의 모습이 떠올랐다.

어느 날 바닷가를 순시하던 이순신이 병사들이 쓰는 막사에 들어갔을 때였다. 이순신이 들어오는 줄도 모르고 누군가가 마룻바닥에 엎드려 종이를 묶어 만든 공책에다 여러 가지 모양의 배를 그리고 있었다.

"흠흠, 자네 지금 무얼 그리는가?"

---

* 전쟁을 하던 두 나라가 전투를 그치고 조약을 맺기 위해 논의하는 일.

이순신은 한참을 어깨너머로 바라보다 인기척을 내며 물었다.
"앗, 자, 장군님!"
나대용은 깜짝 놀라 종이 더미를 뒤로 감췄다.
"허허, 그걸 좀 보여 주겠나?"
"그게, 저······."
나대용은 얼굴이 빨개진 채 주춤거리다가 수줍게 공책을 내밀었다.
"이건, 거북선 아닌가? 자네가 이 배에 대해 알고 있었단 말인가?"
이순신이 깜짝 놀라 물었다. 거북선은 조선 태종 때에 이미 사용되었다는 기록만 있을 뿐 실제로는 본 적이 없었다. 하지만 여수 본영으로 내려온 이순신의 머릿속에는 늘 기록에 남아 있는 거북선 생각뿐이었다.

'흠, 판옥선은 2층 구조로 되어 있어서 아래층에서는 노를 젓고, 2층에서는 전투를 하게끔 되어 있다. 하지만 왜군이 조총을 쏘며 선실 위로 올라와 육박전*을 벌이게 되면 우리에게 불리하다. 그렇다면 2층 선실에 지붕을 씌우고 쇠못을 박는다면 왜군이 섣불리 선실 안으로 들어오지 못할 게 아닌가.'

이순신은 날마다 거북선에 대한 구상을 하고 있었다. 그런데 뜻밖에도 군관 하나가 거북선 모형을 그리고 있었다니 그저 반갑고 놀라울 뿐이었다.

"군관 나대용은 천부적으로 배뭇기**에 소질이 있습니다. 자나 깨나 늘

---

* 적과 직접 맞붙어서 총검으로 치고받는 싸움.
** 배를 묶거나 만드는 일.

배 만드는 일에 열중이지요."

옆에 있던 군사가 설명을 해 주었다.

"하하, 이런 귀한 군사가 여기 있었다니!"

그 뒤 이순신은 날마다 나대용과 머리를 맞대고 거북선을 만들었다.

"드디어 해냈습니다!"

마침내 거북선을 완성하고 모든 군사들이 보는 앞에서 처음으로 배를 띄우던 날 이순신과 나대용은 서로 얼싸안고 기쁨의 눈물을 흘렸다.

"이제 이 거북선이 앞장서서 돌격하면 왜놈들이 탄 안택선 따윈 모두 작살나고 말게야!"

"이순신 장군님 만세! 거북선 만세!"

용머리에서 화포가 펑펑 날아가며 연기를 내뿜자 백성들도 환호성을 지르며 기뻐했다.

그날을 떠올리던 이순신의 입가에도 저절로 미소가 떠올랐다.

"무슨 생각을 하십니까?"

나대용이 의아한 듯 물었다.

"허허, 거북선을 만든 바로 다음 날 사천 해전*이 일어났지. 우린 처음으로 거북선을 앞세우고 사천 앞바다로 나가 전선 세 척을 이끌고 온 우수사 원균과 합세하여 왜선 열두 척을 격파하는 큰 승리를 거두었지. 자네가 만든 거북선이 없었다면 그토록 큰 승리를 거두기 힘들었을 게야. 고맙네."

---

* 선조 25년(1592) 5월에 이순신이 경남 사천에서 왜선을 무찌른 싸움. 여기서 처음으로 거북선을 사용함.

"아이고, 천부당만부당한 일입니다. 거북선은 모두 장군님의 지시대로 만들었을 뿐 소인은 아무것도 한 일이 없습니다."

나대용은 고개를 절레절레 흔들었다.

"하하, 아무튼 그날 꽁지가 빠지게 도망가던 왜선을 생각하면 지금도 마냥 통쾌하구나."

"하지만 그 사천 해전에서 장군님도 저도 큰 부상을 당하지 않았습니까?"

"허허, 그랬지. 그때 입은 부상으로 참 오랫동안 고생을 했지. 갑옷을 입고 있으니 상처가 덧나 그 안에서 고름이 질질 나오고 통증이 심해서 어찌나 고생을 했던지. 지금도 탄환을 맞은 왼쪽 어깨가 시원찮다네."

이순신은 왼쪽 어깨를 매만지며 말했다. 그러자 그날의 일기가 떠올랐다.

…… 여러 장수들을 독촉해서 일제히 달려들며 화살을 비 퍼붓듯 쏘고, 각종 총통을 바람과 우레같이 어지러이 쏘아 대니 적들은 무서워서 달아났다. 화살을 맞은 자가 몇 백 명인지 알 수 없고 왜적의 머리도 많이 베었다. 군관 나대용이 탄환에 맞았고, 나도 왼쪽 어깨에 탄환을 맞아 등을 관통하였으나 중상은 아니었다. 활 쏘는 병사와 노 젓는 병사 중에서 탄환을 맞은 사람이 또한 많았다. 적선 13척을 불태우고 물러났다.

-임진년(1592년) 5월 29일

이순신은 우수영으로 내려오던 날부터 시간이 있을 때마다 일기를 썼다.

'내가 그날그날 무얼 했는지, 왜적이 언제 어디서 쳐들어왔으며 어떻게 막아 냈는지, 또는 우리 수군의 상황이 어땠는지 자세히 기록해야 한다. 훗날 행여 또다시 전쟁이 일어나면 도움이 될 수도 있으니.'

이순신은 하루의 일과가 끝나면 고단한 중에도 밤늦도록 동헌에 앉아 일기를 썼다. 젊은 시절 문관이 되기 위해 서책을 읽고 글공부를 했기에 글 쓰는 일이 그리 버겁지 않음이 다행이었다.

'강화 협상이 진행되는 동안 전선도 구십 척에서 백팔십 척으로 늘어났고, 무기며 군량미도 넉넉히 준비를 해 놓았으니 다행이다. 그런데도 이렇게 마음이 무겁고 불안한 건 간밤의 꿈 때문일까?'

이순신은 하루 종일 마음이 무거웠다.

수레에 실려
한양으로 가다

어느덧 병신년이 저물어 갈 무렵 불길한 소식이 날아들었다.

이순신은 다급하게 장수들을 모아 놓고 회의를 했다.

"예상했던 일이지만 명과 왜의 강화 협상이 깨졌다. 이제 곧 왜가 다시 조선을 침략해 올 터이니 우리는 온 힘을 다해 그들이 조선 땅을 밟지 못하도록 막아야 한다!"

이순신은 이런 날이 올 줄 알고 만반의 준비를 해 놓았지만 결코 마음이 편하지 않았다.

'이럴 때 영의정을 만나 이야기라도 한다면 얼마나 좋을까.'

류성룡은 영의정 자리에 올라 있었다. 모든 책임을 지고 전쟁을 이끌어야 하는 막중한 자리였다. 이순신은 류성룡과 자주 편지를 주고받았지만 만나서 품은 생각을 터놓고 아무런 거리낌이 없이 솔직하게 이야

기하고 싶은 마음이 늘 간절했다.

"바우야, 한양에서 온 서찰이 없느냐?"

"네, 장군님, 어제오늘은 파발이 오지 않았는걸요. 한양 어르신 서찰을 기다리시는 것이지요?"

바우가 이순신의 안색을 살피며 물었다.

"오냐. 오늘따라 그분이 참 그립구나."

이순신은 먼 산을 보며 말했다. 이순신 옆에서 먹을 갈던 바우는 그렇잖아도 궁금했다는 듯 빙그레 웃으며 물었다.

"장군님, 참 이상한 일이에요. 한 분은 문관이고, 한 분은 무관인데 두 분이 어떻게 그리 친하셔요? 통 모르겠어요. 지난번에는 한양으로 유자를 보내 드리지 않나, 말린 물고기를 보내 드리지 않나, 날마다 서찰을 기다리지 않나 그렇게도 그 어르신이 좋으세요?"

"허허, 바우야, 네가 하나는 알고 둘은 모르는 모양이구나. 영의정 어른은 그 어떤 무관 못지않게 병과에 밝은 분이시다. 여기 있는 이 책 좀 보거라. 그분이 지은 『증손전수방략』이라는 병법서이다. 바다에서의 전쟁, 육지에서의 전쟁, 불을 이용하여 공격하는 법 등 전쟁에 필요한 것들을 하나하나 정리해 놓은 귀한 책이지. 내가 이만큼 왜군과 맞서 싸울 수 있는 것도 다 이 책 덕분이란다."

이순신은 전라좌수사가 되어 여수 본영으로 내려온 그해 봄 류성룡이 보내 준 『증손전수방략』을 내보이며 환하게 웃었다.

"그게 정말이어요?"

바우는 눈이 휘둥그레졌다. '이순신'이라는 소리만 들어도 왜군이 오줌을 지릴 만큼 두려워 떨었다. 그토록 뛰어난 분이 모든 게 류성룡 덕이라며 공을 돌리고 있었다.

"장군님, 그럼 저도 저 서책을 읽으면 장군님처럼 씩씩한 장수가 될 수 있나요?"

"뭐라? 어허허! 네 녀석이 요즘 동헌에서 날마다 칼을 휘두르고 화살을 쏜다더니 무인이 되고 싶은 꿈이 있었더냐? 오냐, 되고말고! 무예뿐 아니라 글공부를 하여 서책을 읽을 실력이 되면 내 저걸 너에게 주마."

"네에? 그, 그게 정말이어요?"

바우는 입을 떡 벌린 채 놀라서 어쩔 줄 몰라했다.

"이 녀석아, 그동안 속고만 살았느냐. 그나저나 어서 차 좀 내오렴. 목이 마르구나."

"네, 알겠습니다, 알겠습니다요!"

바우는 씰룩씰룩 궁둥이 춤을 추며 부엌 쪽으로 달려갔다.

그 모습을 빙그레 바라보던 이순신은 새삼 속으로 중얼거렸다.

'만약 영의정이 없었다면, 내가 어찌 이 자리까지 올라올 수 있었으랴.'

이순신은 말이 통하고 뜻이 통하고 마음이 통하는 류성룡이 있어서 마음이 늘 든든했다.

그날 저녁, 기다리던 류성룡의 서찰이 도착했다. 이순신은 반가운 마음에 얼른 뜯어 읽기 시작했다.

통제사, 결국 강화 협상이 틀어지고 말았소.

왜는 명나라에게 조선의 남쪽인 경기, 충청, 경상, 전라도 네 곳을 달라며 억지를 부렸다 하오. 말도 안 되는 일이오. 조선 땅 단 한 평도 왜에게 내줄 수 없다는 게 내 생각이오.

이제 저들은 전열을 가다듬고 다시 쳐들어올 것이오.

하지만 통제사가 지키고 있는 한 남쪽 바다는 안심이오.

통제사, 우리 마지막까지 이 전쟁을 끝내기 위해 최선을 다합시다.

류성룡의 편지는 간결했으나 그 속에는 확고한 의지가 담겨 있었다.
'그렇다. 나 또한 왜적에게 조선 땅 한 평, 바다 한 조각도 내줄 수 없다. 영의정, 나는 바다를 지킬 터이니 부디 영의정은 육지를 지켜 주십시오.'
이순신은 주먹을 불끈 쥐며 다짐했다.

정유년 새날이 밝아 왔다. 그 무렵 왜의 장군 고니시 유키나가는 명나라와의 강화 협상이 깨지자 음흉한 계략을 꾸몄다.
'음, 이제 다시 전쟁이다. 하지만 이순신이 바다를 지키고 있는 한 왜는 결코 조선을 이기지 못한다. 어떻게든 이순신을 먼저 없앤 뒤 조선을 공격해야 한다. 무슨 좋은 수가 없을까? 옳거니!'
곰곰 궁리를 하던 고니시는 무릎을 딱 쳤다. 그건 바로 가토 기요마사를 이용하여 이순신을 없애려는 기발한 꾀였다. 지난 임진년, 고니시는 제1군 사령관이 되어 군사들을 이끌고 조선으로 쳐들어왔다. 그리고는 눈 깜짝할 사이에 부산진성, 다대포진성, 동래성을 무너뜨리고 제일 먼저 한양으로 들어와 평양성까지 치고 올라갔다. 하지만 평양성 전투에서 조선과 명나라의 연합군에게 크게 패하는 등 숱한 고난을 겪었다. 그와 반대로 제2군 사령관인 가토는 함경도 쪽으로 쳐들어가서는 전쟁 초기 조선의 왕자 임해군과 순화군을 인질로 잡을 정도로 큰 공을 세웠다. 하지만 승승장구하던 가토의 발목을 잡은 건 바로 조선을 도와주러 온 명나라 군과 조선의 의병들이었다. 나라가 위급해지자 홍의 장군 곽재우처럼 방방곡곡에서 양반과 농민, 노비들이 화승총과 죽창, 몽둥이를 들고 일어나 왜군과 맞서 싸웠다. 또한 사명 대사와 같은 승병들도 관군의 힘이 닿지 않는 곳곳에서 왜군을 무찔렀다.

조선의 의병, 승병, 관군들의 반격에 밀린 가토는 간신히 서생포로 쫓겨 갔다. 그리고는 거기에 성을 쌓고 숨어 있다가 도요토미 히데요시의 부름을 받고 지금 왜로 돌아가 있었다.

고니시와 가토는 도요토미 히데요시가 아끼는 1인자가 되고 싶어 틈만 나면 서로를 시샘하고 미워하는 사이였다.

'눈엣가시 같은 가토만 없으면 내가 관백*의 오른팔이 될 것이다. 그러니 이순신을 없애는 데 가토를 이용하자. 그러면 조선 침략의 걸림돌이 되는 이순신도 없애고, 가토도 없애고 꿩 먹고 알 먹고 아닌가!'

고니시는 음흉한 미소를 지으며 부하 요시라를 불렀다. 요시라는 대마도에서 태어나 부산을 오가며 장사를 했었다. 그래서 조선말에 뛰어나 통역관이 된 사람이었다. 고시시는 요시라의 언어 능력을 무기삼아 조선 측에 첩자로 심어 놓았다. 요시라는 거짓 귀순하여 경상우수사 김응서의 진영에 자주 드나들었고, 조선에 정보를 준 대가로 절충장군** 이라는 벼슬에 올라 있었다.

고니시는 요시라에게 은밀히 일렀다.

"당장 경상우수사 김응서에게 달려가 가토 기요마사가 군사를 이끌고 부산포로 오고 있으니, 조선이 바다 가운데서 기다리고 있으면 거뜬

---
*   일본의 천왕을 대신해 정무를 수행하는 막부의 우두머리.
** 정삼품 당상관 무관의 품계.

히 물리칠 수 있을 거라고 전하라!"

"네, 장군님!"

요시라는 서둘러 경상우수사 김응서에게 달려가 그 사실을 전했다.

"제가 알아낸 정보에 따르면 가토가 군사를 이끌고 부산포 쪽으로 쳐들어올 거라고 합니다. 이는 가토와 사이가 나쁜 고니시 유키나가한테서 나온 정보이니 정확합니다. 이 기회를 놓치지 말고 당장 달려 나가 가토를 물리치도록 하십시오."

"그게 정말이렷다? 알았다!"

김응서는 허둥지둥 선조에게 그 사실을 알렸다.

"뭐라? 그렇다면 당장 부산포로 나가 가토의 군사를 맞아 싸우라!"

정유년 1월 2일, 선조는 깜짝 놀라 이순신에게 명을 내렸다.

'아, 이 일을 어찌해야 하나.'

이순신은 군사를 이끌고 전쟁에 나서느냐, 임금의 명을 어기느냐 하는 심각한 고민에 빠졌다.

'부산 앞바다는 무엇보다 물살이 세고 전라도처럼 섬이 많지 않다. 왜군이 한꺼번에 달려들면 우린 꼼짝없이 패하고 만다. 게다가 요시라는 성격이 간악하고 음흉하기 짝이 없다고 들었다. 그러니 그가 전해 준 정보를 어찌 믿는단 말인가? 무모하게 나섰다가 군사들을 물고기 밥이 되게 할 수는 없다.'

이순신은 전쟁에 나설 때면 늘 이길 수 있는 방법을 세우곤 했다.

'나를 알고 적을 알면 백 번 싸워 백 번 이기고, 나를 알고 적을 모르

면 한 번 이기고 한 번 질 것이다. 나를 모르고 적도 모르면 매번 싸울 때마다 반드시 패할 것이다.'

그건 바로 '지피지기' 전술이었다. 이순신은 적을 알기 전에는 싸움에 나서지 않았다. 그런데 이번에는 가토 기요마사의 군대에 대해 아는 바가 없었다.

'어쩌면 이건 그들의 유인책일 것이다.'

이순신은 숨죽인 채 때를 기다렸다.

그러던 1월 21일, 도원수 권율이 다급하게 한산도 본영을 찾아왔다.

"통제사, 어쩌자고 임금의 명을 받들지 않는 게요?"

"도원수 어르신, 제 한 몸 살자고 군사를 일으키지 않는 게 아닙니다. 확실치 않은 정보를 믿고 나섰다가 전함과 우리 수군들을 모두 잃는다면 그보다 더 큰 손실이 어디 있겠습니까? 부디 저를 믿고 기다려 주십시오."

이순신이 간절하게 말했다.

"허어, 이 사람, 이 일로 경을 치게 될 텐데 그래도 좋단 말이오?"

권율은 이미 어명이 내려졌건만 그걸 거역하는 이순신이 못마땅했다.

하지만 이순신의 짐작대로 모든 건 요시라의 간계였다. 선조가 출정 명령을 내렸을 때 가토는 이미 서생포로 들어와 조선 쪽 눈치를 살피고 있었다. 그걸 알고 있던 요시라는 다시 김응서를 찾아가 은근히 부아를 돋우었다.

"가토가 이미 조선으로 건너왔습니다. 그런데 어찌하여 이순신은 나

가서 싸우지 않았는지 도통 모르겠습니다. 하늘이 주신 귀한 기회를 스스로 놓치다니요!"

요시라가 음흉하게 웃었다.

'비록 고니시 장군의 작전대로 가토를 몰아내지는 못했지만 이 일로 이순신은 큰 벌을 받게 될 것이다. 그렇게만 된다면 이순신이 사라진 바다에서 우리 왜군이 육지로 오르는 건 식은 죽 먹기 일 게다.'

요시라의 계략대로 김응서는 그 사실을 곧 조정에 알렸다.

"뭐라? 이순신이 가토를 막아 내라는 어명을 어기고 출전하지 않았단 말이지? 당장 이순신을 불러들여라, 불러들여!"

선조는 불같이 화를 냈다. 그렇잖아도 이순신이 한산도 대첩에서 승리한 뒤 왜군과 맞서 싸우지 않는다며 조정 대신들 사이에서 불만이 높아진 때였다. 이순신에게 늘 열등감을 느끼고 있던 경상우수사 원균도 이순신이 부당하다며 장계를 올렸다.

류성룡은 이순신의 진심을 몰라주는 선조는 물론 조정 대신들이 답답했다.

"전하, 이순신이 아니라면 그 누구도 왜군을 막을 수 없습니다. 지난 임진년과 계사년에 이순신이 해전에서 모두 승리로 이끌었던 건 바로 이기는 싸움이 아니면 먼저 나서지 않았기 때문이옵니다. 지금도 이순신은 왜적의 소굴인 부산포를 살피기 위해 온 바다와 산봉우리에 척후병*을 세워 밤낮으로 감시하고 있사옵니다. 그러기에 왜적이 감히 바다

---

* 적의 형편이나 지형 따위를 정찰하고 탐색하는 임무를 맡은 병사.

로 나오지를 못하는 것이옵니다."

류성룡은 침착한 목소리로 이순신의 입장을 설명하였다. 하지만 선조의 분노는 사그라지지 않았다.

"영의정은 어찌하여 늘 이순신을 두둔하는 게요? 쯧쯧!"

"그렇게 자신 있고 용감하다면 왜 나서서 왜적과 맞서 싸우지 않는 게요? 지금 이순신이 몸을 사리고 있다는 증거가 아니오?"

조정 대신들은 이순신을 추천한 류성룡에게 그 화살을 퍼부었다.

"어찌 그가 두려워서 몸을 사린다고 생각하는 겁니까? 어부가 그물을 놓고 있다가 그물을 잡아당길 때를 기다리듯 이순신 또한 그 기회를 엿보고 있는 것입니다. 그러니 기다려 주십시오."

류성룡은 이미 이순신과 서신을 주고받으며 이순신이 강화 협상이 진행되는 동안에 얼마나 많은 일을 했는지 잘 알고 있었다. 부족한 군량미를 마련하기 위해 섬을 개간하여 농사를 짓고, 소금을 만들고, 배를 만들고, 화약을 만드는 등 군비를 마련하고 있다는 것을 말이다. 하지만 그것을 모르는 조정 대신들은 이순신이 선조의 어명을 거스르자 살판난 듯 몰아세웠다. 류성룡이 나서서 이순신을 옹호하면 할수록 그들은 더욱더 이순신을 죽여야 한다고 몰아붙였다.

"당장 이순신을 파직하고 한양으로 압송하라!"

"전하, 통제사가 어명을 어긴 건 죽어 마땅하오나 그에게도 다 생각이 있을 것이옵니다. 부디 노여움을 푸옵소서. 장차 이순신이 아니라면 그 누구도 왜적을 막을 수 없을 것이옵니다!"

류성룡은 눈물로 간청하였다. 하지만 선조는 기어이 이순신을 파직하고 원균을 삼도 수군통제사로 삼았다.

'어명이라, 어명이라……'
어명이 내려지던 날, 이순신은 전선을 거느리고 가덕도 앞바다에 나가 있었다.
'아아, 이제 곧 왜적이 까맣게 몰려올 텐데 이 바다와 군사들, 그리고 저 백성들을 두고 떠나야 하는구나. 내 한 몸 죽는 건 아깝지 않다. 허나 왜적들을 그대로 두고 떠나는 게 참으로 안타깝고 안타깝도다.'
이순신은 무거운 마음으로 한산도로 돌아와 막사를 정리하고 원균에게 삼도 수군통제사 자리를 넘겨주었다. 또한 그동안 모아 놓은 1만여 석에 이르는 군량미와 화약 4,000근, 각 전함에 준비해 둔 것을 빼고도 300자루나 되는 총통 등도 함께 넘겨주었다. 이제 조선의 앞바다는 원균의 손으로 넘어갔다.
"아버지, 이리 억울할 데가 있습니까?"
"나라를 위해 몸 바친 대가가 고작 이거란 말입니까?"
이순신을 도와 무장이 된 아들과 조카들이 땅을 치며 울었다.
결국 이순신은 1월 27일, 마침내 머리를 풀고 흰옷을 입은 채 죄인이 타는 수레에 올랐다.
"나리, 나리가 떠나시면 저희는 누굴 믿고 산단 말입니까?"
"이제 곧 왜적이 들이닥쳐 온 마을을 불사르고 저희의 목을 벨 터인데 어찌합니까요!"

 이순신이 탄 수레가 한산도를 떠나려 하자 백성들이 뛰어나와 땅을 치며 슬피 울었다. 바닷가 마을 사람들은 이순신이 바다를 든든히 지켜 주자 왜적에 대한 두려움을 잊고 살 수 있었다. 그래서 이순신을 도와 농사를 지어 군량미를 만들고, 화약과 무기를 만들었다. 또 바다에 나가 청어를 잡고 미역을 따는 등 안심하고 생활할 수 있었다. 그런데 이순신이 떠나면 어떻게 될지 불 보듯 뻔했다. 백성들의 눈물을 뒤로 하고 수레가 산굽이를 돌아갈 때였다.

 "장군님, 장군니임! 저도 갈래요! 장군님 따라 저도 같이 갈래요!"

 어느 틈에 바우가 등짐 하나를 지고는 울며 따라나섰다.

 "아서라. 한양까지는 멀고 험난한 길이다. 어린 너에겐 고된 길이다."

 "아니어요, 저는 평생 장군님 곁에 머물 거예요. 부모 없는 저를 거두어 주신 은혜를 다 갚지도 못했는데 어딜 가라는 거예요, 으흐흑!"

 바우는 손등으로 닭똥 같은 눈물을 쓱쓱 닦으며 울었다.

 "어찌 그리 황소고집을 피우느냐……."

 이순신의 목소리에도 물기가 가득했다.

 이순신이 탄 수레는 거의 한 달이 다 된 2월 26일에야 한양에 도착하였다.

 "장군님, 부디, 무사히 나오셔야 해요. 저는 이 의금부 앞을 한 발짝도 떠나지 않고 장군님이 나오시길 기다리고 있을 거예요!"

바우는 험한 길을 오느라 거지꼴을 한 채로 울부짖었다.

의금부에 갇힌 이순신에게 선조는 성난 목소리로 명했다.

"이순신은 조정을 속이고 임금을 무시한 죄, 적을 놓아 주어 잡지 않았으니 나라를 저버린 죄, 방자하고 거리낌이 없는 죄 등 많은 죄를 지었다. 신하로서 임금을 속인 죄는 반드시 사형에 처해야 하는 법, 당장 죄인을 심문하여 사실을 알아내렷다! 그런 다음 어떻게 해야 할지 대신들에게 물어보라."

"당장 어명을 거역한 이순신의 목을 베어야 하옵니다!"

임진왜란이 일어나자 거북선을 이끌고 험한 바다를 누비며 왜적을 물리쳤건만 조정 대신들은 아랑곳하지 않고 이순신을 몰아붙였다.

"그건 아니 되오! 왜군들도 무서워서 벌벌 떠는 이순신이 없다면 저들은 우리 앞바다를 마음대로 휘젓고 다니며 자유롭게 육지로 올라와 조선 땅을 짓밟을 것이오. 부디 이순신에게 또 한 번의 기회를 주어 그가 나라를 위해 헌신할 수 있도록 해 주시오!"

류성룡은 피눈물을 흘리며 간청하였다. 하지만 류성룡을 늘 눈엣가시처럼 여기던 조정 대신들은 이번 기회에 류성룡까지 선조 곁에서 몰아내려 안간힘을 썼다. 전쟁으로 어려워진 나라살림에 보태고자 류성룡이 양반들에게 불리한 정책을 내놓았기 때문이었다. 그건 바로 '속오군'을 만들어 양반 자제들도 병역의 의무를 모두 지게 하고, 노비와 승려 등 천민들도 군대에 나가면 천민 신분을 면제해 주고, 공을 세우면 벼슬을 주는 제도를 실시한 것이었다. 뿐만 아니라 공물로 바치던 지역 특산물도 물건대신 쌀로 하고, 토지를 많이 가진 만큼 더 많이 내도록 하였다.

이 모든 제도가 양반들의 심기를 건드렸다. 그러니 조정 대신들은 류성룡이 이순신을 두둔하면 두둔할수록 더 강하게 고개를 저었다. 게다가 선조는 류성룡을 아예 도체찰사로 삼아 경기도를 순찰하라며 멀리 보내고 말았다.

'아, 이제 이순신은 꼼짝없이 죽어야만 하는가! 하늘이시여, 부디 이순신을 도와주소서, 이 나라를 도와주소서!'

류성룡의 두 뺨으로 뜨거운 눈물이 주르르 흘러내렸다.

의금부에 들어가 모진 고문을 받고 옥에 갇힌 이순신은 온몸이 찢어지는 아픔보다 마음이 더 아팠다.

'내 살아오면서 단 한 번도 구차하게 목숨을 구걸해 본 적 없다. 하지만 아직 왜적이 물러가지 않았는데 이리 허망하게 죽는 게 원통할 따름이도다.'

이순신은 누구보다 자신을 믿어 준 류성룡이 떠올랐다. 그러자 가슴이 더욱 더 미어졌다.

'미안합니다. 오랜 시간 나의 든든한 기둥이었고, 스승이었으며 따스한 친구였던 영의정의 은혜를 다 갚지도 못한 채 이리 떠나게 되었습니다. 소신은 바다에서, 영의정은 육지에서 이 전쟁을 마무리 짓자며 약조했던 일들이 모두 물거품이 되었으니 그게 애통할 뿐이외다.'

이순신은 류성룡과 남산 자락에서 함께 지내던 어린 시절을 떠올렸다. 이순신은 집안 가세가 기울어 외가가 있는 아산으로, 류성룡 또한

벼슬길에 올라 건천동을 떠났지만 그 시절 류성룡을 만난 게 이순신에게는 최고의 행운이었다.

이순신은 하루하루 죽을 날만을 기다리고 있는 중이었다.

이순신이 갇혀 있는 동안에도 의금부 담장 밖에는 뜻있는 선비들이 모여 이순신을 풀어 달라며 자리를 떠나지 않았다. 또한 영남 지방을 순시하던 도체찰사 이원익이 선조에게 상소를 올렸다.

"왜군이 두려워하는 건 이순신이 거느리는 우리 조선의 수군이옵니다. 이순신 대신 원균을 그 자리에 앉혀서는 아니 되옵니다."

하지만 선조는 이원익의 상소 따윈 거들떠보지 않았다.

"이순신이 나라를 사랑하는 마음과 적을 방어하는 재주는 일찍이 그 예를 찾아볼 수 없습니다. 장수가 전쟁에서 이기기 위하여 기회를 엿보

고 정세를 살핀 것을 싸움에 나서길 주저했다고 몰아 죄를 물을 수는 없습니다. 임금께옵서 이순신을 처형하시게 되면 이 나라와 조정은 위험에 빠질 것이옵니다."

이순신의 종사관이던 정경달 또한 목숨을 걸고 상소를 올렸지만 마찬가지였다.

그러던 어느 날이었다. 우의정 정탁이 선조에게 신구차*를 올렸다.

    삼가 엎드려 아룁니다. 이순신은 몸소 큰 죄를 지었습니다. 하오나 전하께서 얼른 무서운 형벌을 내리지 않는 건, 자애로운 마음으로 혹시 이순신에게 살 길을 열어 주시려는 게 아니시온지요. 신은 그저 감격할 따름이옵니다.

    신이 일찍 벼슬에 올라 죄인을 심문한 적이 한두 번이 아니었나이다. 대개 죄인들은 한번 심문을 받으면, 그대로 상하여 쓰러지는 자가 많았습니다. 행여 살려 줄 마음이 있어도, 이미 숨이 끊어진 뒤라 어찌할 길이 없었나이다. 이순신이 이미 한 번 고초를 겪었는데, 만일 또 형을 받고 목숨을 잃는다면 그를 살려 주고자 하는 전하의 마음을 상하게 하지 않을까 걱정하는 바입니다.

    전하, 부디 이순신에게 자비를 베풀어 주소서.

    지난 임진년에 왜의 적선이 바다를 덮어 온 나라가 어려움에 빠졌을 때에 이순신은 수군을 거느리고 원균과 더불어 왜적의 기세를 꺾

---

* 목숨을 구하는 것을 아뢰는 상소문.

었나이다. 전하께서는 이를 대견하게 여기고 통제사라는 벼슬까지 내리셨나이다.

하오나 이순신이 군사를 이끌고 싸울 때 원균처럼 앞장서는 용기가 없다며 더러 의심하는 사람들도 있었습니다. 하지만 원균이 거느린 배들은 지휘관의 잘못으로 모두 침몰되고 말았지만, 이순신은 대장으로서 나가고 들어올 때를 알고 수군을 이끌어 큰 공을 세울 수 있었나이다. 이처럼 이순신은 적을 방어하는 일에 뛰어나, 군사들을 잃지 않고 그 기세 또한 당당하기에 왜적들이 우리 수군을 겁내는 까닭인 줄 아옵니다.

어떤 이는 이순신이 한 번 공로를 세운 뒤에, 다시는 내세울 만한 공로가 별로 없다며 중요하게 여기지 않는 이도 있으나, 신은 그렇게 생각하지 않사옵니다.

네댓 해 동안 명나라 장수들은 화친을 주장하고, 왜를 신하의 나라로 삼으려고만 해서 이순신이 더 힘쓰지 못한 것일 뿐이옵니다. 또한 왜적들이 다시 쳐들왔을 때도 이순신이 미처 손쓰지 못한 데에도 무슨 그럴 만한 까닭이 있을 것이옵니다.

대개 군사들을 움직이려면 반드시 조정의 명령을 기다려야 하옵니다. 그러니 장군 스스로 어찌 제 마음대로 군사를 일으키겠나이까? 왜적들이 바다를 건너오기 전에, 조정의 명령이 그때 전해졌는지 아닌지, 바다의 사정이 좋았는지 아닌지, 뱃길도 편했는지 어쨌는지도 알 수 없는 일이옵니다. 그러니 모든 책임을 이순신에게만 돌릴 수는 없습니다.

　무릇 인재란 나라의 보배이므로, 누구든지 재주와 기술이 있다면 모두 마땅히 사랑하고 아껴야 합니다. 하물며 장수의 재질을 가진 자로서, 적을 막아 내는 일에 가장 앞장서야 하는 사람을 오직 법에만 맡기고 용서하지 않는다면 어찌 되겠나이까?

　바라옵건대 전하, 부디 자애로운 명을 내려 이순신으로 하여금 공로를 세우게 하고, 전하의 은혜를 천지 부모와 같이 받들어, 목숨을 걸고 갚으려는 마음이 들게 하소서.

　정탁은 구구절절 이순신을 살려 달라며 간곡하게 글을 써서 올렸다.
　선조는 정탁이 올린 신구차를 읽고 또 읽었다. 정탁이 누구인가, 임진년 전쟁이 일어나자 선조를 의주까지 모시고 갔으며, 군사에도 밝아 곽재우 외 김덕령과 같은 명장을 추천하여 큰 공을 세우게 하여 우의정에 오른 일흔에 가까운 노재상이 아니던가.
　'정탁의 말이 옳다. 한 사람의 장수가 아까울 때에 이순신을 처형하는 게 무슨 득이 있을까. 지금 왜적이 다시 남쪽 바다를 향해 쳐들어오고 있지 않은가.'
　선조는 정탁의 신구차를 읽고 마음이 누그러졌다.
　"이순신을 백의종군하여 도원수 권율의 휘하로 들어가게 하라!"
　"전하, 성은이 망극하옵니다!"
　정탁은 눈물을 흘리며 기뻐하였다.

흰옷 입고
떠나는 길

    4월 1일, 온 세상에 봄꽃들이 다투어 피는 화창한 날이었다. 의금부에서 문초를 받고 3월 4일 감옥에 들어간 뒤 28일 만에 옥에서 풀려난 이순신은 먼저 선조가 있는 궁궐을 향해 절을 올렸다. 천천히 옥문을 나서자 다리가 휘청거리고 봄 햇살에 눈이 부셨다.

    '아, 죽으러 왔던 내가 다시 목숨을 건졌구나. 하지만 나는 이미 죽기를 각오한 몸, 지금 구한 목숨은 나라를 위한 빚이다. 치욕스러운 죽음이 아닌 의로운 죽음만이 장수가 가야 할 길, 이제 나는 죽으러 가야 한다. 왜적이 있는 전쟁터로 달려가야만 한다. 그곳이 내가 죽을 자리이다.'

    이순신은 눈을 지그시 감은 채 의금부 앞에 서서 생각에 잠겼다. 수군통제사 자리에서 물러난 것을 부당하다 생각지 않았다. 용케 목숨을 구한 것이 감격스럽지도 않았다. 하지만 아직 전쟁이 끝나지 않았다. 나라를 온전하게 지키지 못한 것이 마음에 걸릴 뿐이었다.

"장군니임! 으흐흑, 장군님이 나오셨다, 장군님이 나오셨어!"

어디선가 바우가 울며 달려왔다. 가만히 눈을 떠 보니 거지꼴을 한 바우가 발밑에 엎드려 절을 하고 있었다. 그사이 어디서 한뎃잠을 자며 구걸이라도 했는지 꼴이 말이 아니었다. 조마조마하며 기다리던 둘째 아들 울과 조카 봉과 분도 울며 달려왔다.

"으흐흑, 이 모습이 대체 무엇이옵니까!"

울은 이순신을 부여잡고 끅끅 울었다.
"울지 말거라. 살았으면 됐다. 이제 되지 않았느냐."
이순신은 아무렇지 않은 듯 모두를 다독였다. 하지만 눈두덩이 왈칵 뜨뜻해지고 코끝이 찡해졌다. 행여 아이들 보는 데서 눈물이라도 나올까 봐 이순신은 눈을 들어 먼산바라기를 했다.
"어서, 가시어요. 어서!"
의금부를 나온 이순신은 모두를 앞세워 남문 밖 윤간의 종 집으로 갔다.
"어서 절 받으십시오."
"이렇게 살아오신 게 꿈만 같습니다, 으흐흑······."
아들과 조카들이 이순신에게 절을 올리며 또다시 흐느꼈다.
"울지 말거라. 지금은 울 때가 아니다. 죽었다가 살아난 몸이 아니냐? 오늘은 모든 걸 다 잊고 한잔 하자꾸나."
이순신은 이내 평온을 되찾았다. 그 얼굴에서 선조와 조정 대신들에 대한 서운함이나 분노 따윈 손톱만큼도 찾아볼 수 없었다. 비록 옥살이를 하느라 얼굴과 몸이 초췌하고 야위었으나 씩씩한 기상과 꿋꿋한 절개는 예전과 똑같았다. 어떻게 알았는지 남문 밖 초라한 집에 연신 사람들이 찾아와 이순신을 위로해 주었다. 밤이 늦도록 류성룡이 종을 보내왔고, 판부사 정탁, 판서 심희수, 참판 이정형 등이 사람을 보내어 문안을 해왔다.
'참으로 고맙고 고맙습니다.'

이순신은 술잔을 들어 밤이 늦도록 술을 마셨다.

이튿날 하루 종일 봄비가 부슬부슬 내렸다. 이순신은 좁은 마당에 핀 살구꽃이 하르르 떨어지는 것을 보며 이제 내일이면 권율이 있는 합천 초계로 떠나야 할 먼 길을 떠올렸다.

'이제 떠나면 언제 다시 한양으로 오려나.'

기약 없는 길이었다. 다시 올 수 없는 길이 될지도 몰랐다. 그렇다면 딱 한 가지 할 일이 있었다. 그 일은 경기도 순찰을 떠났다가 돌아온 류성룡을 만나는 거였다. 이런 이순신의 간절함이 류성룡에게 가 닿았던 걸까. 날이 어둑어둑해질 무렵 류성룡이 사람을 보내왔다. 이순신은 반가운 마음으로 바우를 데리고 류성룡의 집으로 갔다.

"어서 오시게, 어서 와!"

류성룡이 버선발로 뛰어나와 이순신을 얼싸안았다. 어쩌면 죽었을지도 모르는 사람이었다. 사형을 빌고 이미 황천길로 떠났을지도 모르는 사람이었다. 류성룡은 생각만 해도 눈물이 울컥 치솟았다.

"그래, 얼마나 고생이 많았소!"

류성룡은 온갖 생각으로 가슴이 벅차올랐다.

어느 틈에 사랑채에 술상이 들어왔다. 후드득후드득 떨어지는 빗소리를 들으며 두 사람은 하염없이 술잔을 들었다.

"초계까지는 멀고 험한 길인데 몸은 좀 어떠하오?"

"움직일 만합니다. 이렇게 목숨을 건졌으니 어서 달려가 왜적들을 막아 내야지요."

"백의종군으로 가는 게 서운하지는 않소?"

류성룡이 안타까운 얼굴로 물었다. 백의종군이 무엇인가, 벼슬이나 직위가 없이 군대를 따라 싸움터로 나간다는 말이 아닌가. 삼도 수군통제사까지 지낸 사람이 졸병보다 못한 처지가 되어 전쟁터로 가는 길이었으니 류성룡은 마음이 편하지 않았다.

"자리는 중요하지 않습니다. 나라를 지킬 수만 있다면. 나라를 위해 싸우는 데 벼슬 따위가 무슨 소용이 있겠습니까? 그저 맡은 일을 다해

야지요."

이순신은 담담하게 대답했다.

"지난 임진년 이후 공이 남쪽 바다를 든든히 지켜 준 덕분에 시간을 벌어 명나라에서 원군을 끌어들일 수 있었다오. 하지만 왜적보다 더 무서운 게 사람이더이다. 명나라 장수 이여송이 데려온 군사 사만 오천 명이 먹을 일 년치 군량이 자그마치 사십팔만 석이 넘는데 우리 조정에서 일 년치 세금으로 거두어들인 곡식은 육십만 석 뿐이었소. 그러니 명나라 군사들을 먹이고 나면 우리 조선 군사들은 입에 풀칠하기도 어려운 지경이라오. 그 뿐인 줄 아오? 명나라 군대의 말에게 먹일 콩이나 수수, 조, 기장은 턱없이 부족하니 한마디로 내게는 왜군과의 전쟁이 아니라 군량미 전쟁이었다오. 그런데 공은 스스로 밭을 일구어 군량미를 비축하여 군사들이 배를 곯지 않도록 하였다니 참으로 대단하오."

"그거야 소신이 당연히 해야 할 일이지요."

이순신은 고개를 저었다.

"전쟁이 뜸한 틈을 타 많은 무기와 화포, 폭약도 만들었다 들었소. 나 또한 군량미 못지않게 그 필요성을 느껴 틈틈이 무기들을 만들었다오. 한양을 되찾은 뒤 훈련도감을 설치하여 군사를 모집하고 군사를 훈련하는 것뿐 아니라, 각종 화포와 조총, 비격진천뢰* 등 새로운 무기를 만들어 대비를 하고 있다오."

누구보다 군사적인 일에 능했던 류성룡은 그간의 이야기를 빠짐없이 들려주었다.

"하지만 이제 곧 왜군이 쳐들어올 텐데 지난 임진년처럼 손쓸 새 없이 당했다간 백성들의 피해가 너무 클 것이오. 그러니 왜군이 육지로 올라오지 못하게 바다를 단단히 지켜야 할 텐데 원균 통제사가 그걸 해낼 수 있을까 염려되오."

류성룡은 걱정스레 말했다.

---

* 조선 선조 때에, 이장손이 발명한 폭탄. 화약, 철편(鐵片) 뇌관을 속에 넣고 겉은 쇠로 박처럼 둥글게 싼 것으로, 먼 거리에 쏘아 터지게 함.

"소신이 그동안 군사들을 훈련시키고 군량미를 마련해 놓고 전함도 새로 만들고 수리를 해 놓았으니 잘 막아 내리라 믿습니다."

이순신은 늘 자신을 시기하고 모함하던 원균이었지만 함께 전선을 이끌고 나가 옥포, 사천, 한산도 해전에서 승리를 했던 일을 떠올렸다.

"아무리 그렇다 해도 배에는 유능한 선장이 필요한 법, 공이 다시 삼도 수군통제사가 되어야 할 터인데 큰일이오. 자칫 잘못했다간 백성들이 또다시 구렁텅이에 빠질 테니 말이오."

안동의 퇴계 선생 밑에서 글을 배울 때부터 '백성'이 하늘이라는 것을 깊이 깨닫고 있던 류성룡은 깊은 한숨을 내쉬었다.

"그런 일이 일어나지 않도록 해야지요."

이순신과 류성룡은 모처럼 거침없이 자신들의 생각을 쏟아 놓았다.

호롱불 아래 마주 앉아 이야기를 나누다 보니 어느 틈에 밤이 지나고 첫닭이 울었다. 이제는 떠나야 할 시각이었다. 류성룡은 차마 이순신을 보내지 못하고 솟을대문 앞까지 따라나섰다.

"부디 몸조심하시게. 이 전쟁이 끝나는 날, 그때는 우리 둘이 모든 걸 다 내려놓고 흥겹게 술 한잔하시게나. 남산 자락을 뛰놀던 어린 시절로 돌아간 듯 그렇게 모든 걸 내려놓고 한바탕 웃어 보세나. 조심히 잘 가시게!"

"공께서도 부디 건강하게 이 전쟁을 무사히 끝내십시오. 이 몸은 어느 곳에 있든지 그저 나라와 백성을 위해 칼을 높이 들 것입니다. 종종 서찰 올리겠습니다. 참 행여 다시는 기회가 없을지 몰라 인사 올립니다.

55

보잘 것 없는 저를 그간 분에 넘치는 자리에 오르게 해 주시고 늘 믿어 주신 그 은혜 참으로 감사드립니다. 죽어서도 잊지 않을 것입니다. 부디, 안녕히 계십시오."

애써 울음을 참으려 했으나 어느 틈에 이순신도 류성룡도 뜨거운 눈물을 주르르 흘렸다.

류성룡은 가마가 골목 끝을 돌아 보이지 않을 때까지 한참을 바라보았다. 반짝 돋은 새벽별이 두 사람을 비추고 있었다.

다음 날, 이순신은 남쪽으로 길을 떠났다. 나장들은 먼저 수원부로 보내고 혼자 말을 타고 가는 길이었다. 그런데 이순신이 한강진 나루터에 닿을 때였다. 어느 틈에 먼저 와 있던 바우가 반가운 얼굴로 달려 나왔다.

"아니, 너는 왜 여기 있는 게냐?"

이순신이 깜짝 놀라 물었다. 아들 울에게 바우를 데리고 아산 집에 가 있으라 전하고 떠나온 길이었다.

"장군님, 저는 장군님이랑 같이 갈 거예요. 곁에서 모시며 심부름도 하고 시중을 들어야지요. 제 걱정은 마시어요. 참, 장군님, 이거 좀 드세요. 지금 막 쪄 낸 인절미예요. 울이 도련님이 준 여비에서 산 거예요."

바우는 김이 모락모락 나는 인절미를 내밀었다.

"허허, 그놈 참!"

이순신은 뱃전에 기대앉아 콩고물이 묻은 말랑말랑하고 쫄깃한 인절미를 집어 들었다.

"자, 너도 먹거라. 어서."

이순신은 인절미를 집어 바우에게 내밀었다. 바우는 입이 미어지도록 인절미를 우겨 넣었다.

이순신은 강을 건넌 뒤 종종걸음으로 따라오던 바우에게 말했다.

"나랑 같이 타고 가자꾸나."

"감히 제가 어, 어떻게 장군님이 타시는 말을 탈 수 있겠어요! 아니 되는 말씀이어요."

"괜찮다. 어서 이리 올라오렴."

이순신이 손을 내밀어 바우를 말 잔등에 태웠다.

한사코 싫다던 바우는 언제 그랬냐는 듯 환호성을 질렀다.

"우와, 여기 앉으니 세상이 더 잘 보여요! 말을 처음 타 보는 거거든요. 이야, 신난다!"

하지만 기쁨도 잠시 지나가며 보이는 마을마다 온전한 데가 하나도 없었다. 서까래가 내려앉고 지붕이 불타고 백성들은 헐벗은 모습으로 산과 들을 헤매며 먹을 것을 찾고 있었다. 봄이건만 파종할 엄두도 내지 못한 채 이리저리 떠도는 백성들이 여기저기 넘쳐 났다.

"장군님, 왜 우리 조선은 왜적들한테 이렇게 당해야만 하나요? 저희 군사들이 좀 더 힘이 강했으면 좋겠어요. 조총이랑 화포 같은 무기도 더 많이 만들고요."

한창 들떠 있던 바우는 불타고 무너진 마을을 보자 울먹였다.

"모두가 나랏일을 하는 사람들이 잘하지 못해서이지."
"상감마마가요?"
바우의 눈이 휘둥그레졌다.
"꼭 그런 것만은 아니다. 녹을 먹는 사람들이 저마다 자기 할 일을 잘 했어야 하는데 미처 방비를 하지 못한 게다. 나부터도 너무 만만하게 여겼다. 다시는 이런 일이 없도록 이제부터라도 군사를 기르고, 신식 무기를 더 만들어야 한다. 다시는 이웃 나라가 우리를 넘보지 못하도록 힘을 길러야 한다."
이순신은 침통한 얼굴로 말했다.
'어쩌다가 나라가 이 지경에 이르렀을꼬.'
이순신은 차마 백성들을 볼 낯이 없었다. 인덕원을 지나 저물녘 수원으로 간 이순신은 경기체찰사 밑에 있는 이름도 모르는 한 군사의 집에서 잠을 청했다. 다음 날부터 오산, 평택에 이르는 동안 이순신이 지나가는 길목을 지키고 있던 사람들은 따뜻한 밥과 잠잘 곳을 마련해 주는 등 극진히 대해 주었다.
"장군님이 아니었으면 조선은 벌써 왜놈들 천지가 되었을 겁니다."
"왜놈들이 다시는 조선 땅에 발을 들여놓지 못하게 혼쭐을 내 주십시오!"
사람들은 너도나도 이순신을 붙잡고 하소연을 했다.
"장군님, 사람들이 모두 장군님을 의지하고 있어요. 저한테도 장군님 잘 모시라면서 밥도 차려 주고 이렇게 군것질거리도 주었는걸요. 제가 장군님을 따라나서길 정말 잘한 것 같아요."

바우는 잔뜩 들뜬 얼굴로 자랑을 했다.

"바우야, 죽었어야 할 내가 겨우 살아서 근무지로 가는 길이다. 이렇게 후한 대접을 받으니 민망하기 그지없구나.'

이순신은 여전히 자신이 죄인인 양 말했다.

길을 떠난 지 닷새째 되는 날, 이순신이 선산에 들려 조상들에게 절을 올리고 가족과 친지들이 사는 아산으로 들어갈 때였다.

"뭐라? 어, 어머니가 돌아가셨다니 대체 그게 무슨 말이냐?"

이순신은 청천벽력과 같은 소리에 그 자리에 털썩 주저앉았다. 전라좌수사가 되어 여수로 내려가면서 본영 근처 곰내[*]에 모신 어머니가 아닌가. 그런데 이순신이 잡혀갔다는 말을 듣고 허둥지둥 아산으로 오시다가 그만 배에서 돌아가셨다는 믿기지 않는 소식이었다.

올부짖던 이순신은 긴신히 정신을 차리고 인주 해암리 바닷가로 달려갔다. 저만치 포구로 들어오는 배 한 척이 보였다.

"아아, 어머니, 어머니!"

이순신은 목 놓아 울며 어머니의 시신을 끌어안았다. 한양으로 끌려간 아들이 극형을 받을까 애간장을 끓이다 돌아가셨다고 생각하니 더욱더 비통하였다.

"모든 게 다 나 때문이다. 내가 어머니를 돌아가시게 한 죄인이다!"

이순신은 사람들의 도움으로 어머니를 모실 관을 짜서 상여에 올려

---

* 여수 고음천을 이르는 말.

신고 집으로 돌아왔다. 하지만 어머니의 장례를 치르기도 전에 이순신은 떠나야만 했다.

"아아, 어머니! 어머니의 마지막 길을 배웅도 못한 채 떠나는 불효자를 용서하소서. 반드시 왜적을 물리치고 돌아와 다시 절을 올릴 터이니 부디 그때까지 기다려 주소서! 으흐흑!"

이순신은 차마 빈소 앞을 떠나지 못한 채 울부짖었다. 하지만 떠나야만 했다.

이순신은 어머니께 하직 인사를 올린 뒤 비통한 마음으로 천안, 공주를 지나 하염없이 남쪽으로, 남쪽으로 내려갔다. 그러다가 날이 저물면 애통한 마음으로 어느 민가에 들어가 하룻밤을 묵었다. 하지만 잠은 오지 않고 어머님 생각에 마음이 찢어졌다.

이순신은 지필묵을 들어 애통한 마음으로 일기를 쓰기 시작하였다.

> 19일 맑음. 일찍 나와서 어머님 영전에 하직 인사를 올리고 울부짖으며 곡을 하였다. 어찌하랴, 어찌하랴. 이 세상에 어찌 나와 같은 사람이 또 있겠는가. 어서 죽는 것만 같지 못하구나. 조카 뇌의 집에 이르러 조상의 사당 앞에서 하직을 아뢰었다.
> 아들 회, 면, 울과 조카 해, 분, 완 및 변주부가 함께 천안까지 따라왔다. 원인남도 와서 만나고 작별한 뒤에 말에 올랐다. 공주 진관동에 도착하여 잤다. 저녁에 비가 뿌렸다.
>
> -1597년(정유년) 4월 19일

이순신은 공주를 지나 점점 더 남쪽으로 내려갔다.

어느새 충청도를 지나 구례, 남원, 순천으로 이어지는 전라도 땅으로 들어선 이순신은 여수, 한산도의 바다를 떠올렸다. 눈 감고도 그릴 수 있는 바다, 섬과 섬 사이의 물길조차 손금처럼 환하게 떠오르는 바다였다.

'지금쯤 그들은 다 무얼 하고 있을까? 원 통제사 밑에서 잘하고 있어야 하는데……'

이순신은 비록 장수의 갑옷도 지휘봉도 없는 백의종군의 처지였지만 새삼 가슴이 뛰었다. 그 바다를 오가며 수군들을 다독이고 격려하며 얼마나 많은 왜군을 물리치고, 얼마나 많은 왜선을 침몰시켰던가. 모든 일이 꿈인 양 아득했다.

마침내 길 떠난 지 거의 두 달여 만에 이순신은 초계에 이르렀다.

"어서 오시오. 상을 당한 지 얼마 되지 않았는데 이렇게 급히 오게 되어 참으로 송구하구려. 하지만 지금 나라가 이처럼 위급하니 공의 지략이 그 어느 때보다 필요한 때라오. 나는 공을 부하로 생각하지 않소. 부디 나와 힘을 합해 왜적을 막아 냅시다."

도원수 권율은 이순신을 마음속 깊이 존경했다. 이순신이 한양을 떠나 합천으로 오는 도중에도 몇 번이나 사람을 보내 이순신의 여정을 돌봐 줄 만큼 마음이 따뜻한 사람이었다.

"우리 수군의 정세는 지금 어떠한지요?"

이순신은 떨리는 소리로 물었다.

"얼마 전 들어온 소식을 들으니 지금 왜선들이 부산포에 집결해 있다고 하오. 그러자 원 통제사는 수군이 단독으로 출정하는 건 위험하니 육군과 함께 가야 한다며 버티고 있는 중이오."

권율은 여전히 걱정스러운 얼굴이었다. 이순신은 문득 언젠가 원균이 했던 말을 떠올렸다.

"내가 만약 통제사라면 우리 수군의 본영을 부산포로 옮기고 당장 나가 왜적과 맞서 싸울 것이오."

원균은 한산도에 본영을 두고 있던 이순신을 비웃듯 큰소리를 쳤다. 하지만 막상 삼도 수군통제사라는 자리에 오르고 보니 뒤늦게 군사를 이끌고 부산포로 나가는 게 얼마나 위험한 일인지를 깨달은 게 분명했다. 하지만 원균은 마냥 미적거리고만 있을 수 없었다. 조정에서 원균에게 당장 군사를 이끌고 나가 싸우라며 성화를 냈다.

'우리 수군이 어떻게든 왜군을 막아 내야 할 텐데.'

이순신은 초계에 있으면서도 온 신경이 한산도 쪽에 가 있었다. 당장이라도 대장선을 타고 나가 왜군과 맞서 싸우고 싶었다. 아니 그냥 이름 없는 수군이어도 좋았다. 바다에 나가 왜적과 싸울 수만 있다면 지위 따윈 아무 상관이 없었다. 하지만 이순신에겐 아무 권한이 없었다. 초계에서 그저 눈과 귀를 열어 놓고 활을 쏘고 또 쏠 뿐이었다.

그러던 7월 18일 새벽이었다. 군관 이덕필과 변홍달이 허둥지둥 달려와 알렸다.

"나리, 이 일을 어찌하면 좋겠습니까? 이틀 전 원 통제사가 수군을 이끌고 거제 칠천량으로 나갔다가 왜군에게 참패를 당했다고 합니다."

"뭣이? 그, 그게 사실이더냐?"

이순신은 자리에서 벌떡 일어났다.

"원통하게도 거북선 세 척과 판옥선 백 여 척이 침몰했다고 합니다. 원 통제사도 달아나다가 적에게 잡혀 죽고, 전라우수사 이억기와 충청 수사 최호를 비롯해 수많은 수군들이 죽고 간신히 살아남은 장수들과 수군들도 뿔뿔이 흩어져 달아나기 바빴다고 합니다."

"아아! 우리가 믿을 것은 오직 수군인데 그리되었으니 이 일을 어찌 할꼬!"

이순신은 땅을 치며 통곡하였다. 어떻게 만든 거북선이며 어떻게 마련한 판옥선이란 말인가. 눈앞에서 왜적의 화포를 맞고 이리저리 부서지고 가라앉는 전선들과 안타깝게 죽어 간 군사들이 떠오르자 애통한 나머지 저절로 울음이 터져 나왔다.

"아아, 원 통제사! 그리 자신만만하더니 어찌 그리 억울하게 참패를 당하셨단 말이오! 하늘도 무심하시도다!"

한때는 사사로운 감정으로 자신을 미워했던 원균이었지만 함께 전선에 나가 왜적을 물리친 게 몇 번이던가. 이억기 또한 이순신과 함께 합포, 적진포, 사천, 당포, 당항포, 한산도, 부산포로 나가 왜적을 맞아 싸운 용맹스러운 장수가 아니던가. 이순신이 그 많은 해전에서 승리할 수 있었던 건 이억기처럼 지략이 뛰어나고 용맹한 장수가 있었기 때문이었다. 이억기는 더욱 안타깝게도 왜적의 칼에 죽을 수는 없다며 스스로 바다에 뛰어들어 죽었다고 했다.

"소식 들으셨소? 우리 수군이 몽땅 전멸을 했다는구려. 원 통제사가 거제 칠천도에 주둔하고 있던 우리 수군을 이끌고 나가 왜적을 뒤쫓다가 되레 반격을 받고는 활 한번, 화포 한번 제대로 쏘지 못한 채 패했다고 하오. 다만 경상우수사 배설이 전선 열두 척을 이끌고 도망을 갔다는 보고를 받았소이다. 이 일을 어찌하면 좋소?"

권율도 다급하게 달려와 한탄하였다.

"도원수 나리, 아무래도 소신이 직접 해안 지방으로 가 봐야겠습니다. 가서 제 눈으로 똑똑히 보고 그 방책을 세우겠습니다."

이순신은 비록 백의종군의 몸이었지만 가만히 있을 수가 없었다. 당장 남쪽 바닷가로 달려가 수군의 상황을 살펴야만 했다. 누가 시켜서도 아니었다. 백의종군의 처지에 감히 나설 자리가 아니라며 조정에서 또다시 벌을 내려도 상관없었다.

'이미 나는 그때 한양에서 죽은 몸이다. 무엇이 두려우랴. 울부짖는 우리 백성들과 내 손발과 같은 수군들에게 조금이라도 도움이 될 수 있다면 이깟 목숨 따윈 두렵지 않다. 어서 가자, 어서 가서 내 눈으로 직접 봐야겠다.'

"그, 그렇게 해주겠소? 어서 내려가시오, 어서!"

도원수는 기뻐하며 이순신을 내몰았다.

이순신은 송대립 등 9명의 군관을 이끌고 서둘러 길을 떠났다. 지나는 길에 보이는 마을마다 인기척은 하나도 없고 한참 곡식이 자라야 할 논과 밭은 잡초만 우거져 있었다.

'저 논과 밭에서 씨 뿌리고 땀 흘리며 식구들과 오순도순 살아가던 순박한 백성들은 다 어디로 갔단 말이냐.'

이순신은 폐허가 된 마을을 보며 눈물을 흘렸다.

쉬지 않고 달리고 달려 삼가, 단성, 진주를 거쳐 노량에 닿으니 거제현령 안위와 영등포 만호* 조계종 등 남은 군사들과 백성들이 우르르 달

---

* 각 도(道)의 여러 진(鎭)에 배치한 종삼품의 무관 벼슬.

려와 통곡하며 이순신을 맞아 주었다.

"장군님, 왜 이제야 오셨습니까? 다 죽었습니다, 다 죽었어요! 으으흐 흐흑……."

"아이고, 장군님. 대장 원균이 적을 보고 먼저 육지로 달아나고 여러 장수들도 모두 그를 따라 육지로 달아나서 이 지경에 이르렀답니다."

"원균의 잘못에 대해 차마 입으로는 다 말할 수 없을 지경입니다. 분하고도 분할 뿐입니다."

그들은 분노와 원망으로 가득 차서 어쩔 줄 몰라했다.

이순신의 마음도 찢어질 듯 아팠다. 한 바퀴 해안가를 둘러보았지만 모든 게 사라지고 없었다. 그토록 애써 기틀을 다지고 정성을 다해 만들었던 군비는 물론 군사도 배도 하나도 남아 있지 않았다.

이순신은 남해 여러 지역을 돌아다니며 사정을 살피고, 도원수 권율에게 서찰을 보냈다. 그러는 시이 어느 틈에 안타까운 7월이 지나고 8월이 되었다. 장마가 찾아와 며칠 내내 비가 오다 개다 하며 날씨가 흐렸다. 이순신은 수루에 혼자 앉아 멍하니 바다를 바라보았다.

'영의정도 칠천량에서 우리 수군이 참패를 했다는 소식을 알고 있을 게다. 얼마나 애통하고 한탄스러워하실까.'

이순신은 한양을 떠나기 전날 눈물로 헤어졌던 그날을 떠올렸다. 초계로 내려와 서찰을 보내긴 했지만 언제 다시 볼 수 있을지 알 길이 없었다.

8월 초사흗날 이른 아침이었다. 날이 모처럼 맑아 이순신이 일찍 바다로 나가려 할 때였다.

"어명이오!"

뜻밖에도 선전관 양호(梁護)가 선조가 내린 교지를 들고 나타났다. 이순신에게 다시 전라좌도 수군절도사 겸 경상, 전라, 충청 삼도 수군통제사로 임명한다는 내용이었다.

"통제사 나리, 감축드립니다."

주변에 서 있던 군관들이 눈물을 글썽이며 허리 굽혀 절하였다.
'전하, 성은이 망극하옵나이다! 신은 벼슬이 높고 낮음에 연연하지 않고 오로지 왜적을 막는 일에 힘쓸 것이옵니다.'
이순신은 굳게 다짐하며 다시 남쪽 바다를 둘러보기 위해 길을 떠났다.

이순신은 거제의 배 위에서 자면서 거제 현령과 새벽이 되도록 이야

기를 나누었다.

'중요한 건 전선을 확보하는 일이다. 그러려면 배설이 몰고 갔다는 배 열두 척을 찾아야 한다.'

이순신은 배설이 찾아오기를 기다렸지만 배설은 자신이 한 일이 두려워서인지 얼굴을 비치지 않았다. 이순신은 배설이 있는 장흥군 회령면에 있는 회령포로 찾아갔다.

"어떻게 된 일인지 그날의 일을 자세하게 이야기해 보시오."

이순신은 배설을 무섭게 다그쳤다. 이순신의 서릿발 같은 날카로운 추궁을 받자, 배설은 감히 고개도 들지 못했다.

"미안하오. 장수가 비겁하게 싸움을 등지고 도망을 쳤으니 할 말이 없소. 사실은 칠천량에서 전투가 벌어지기 전 나는 원 통제사의 명을 받고 웅천에서 가덕도로 가려던 왜선과 맞서 전쟁에 나섰소. 하지만 싸움이 벌어지자 순식간에 우리 군사 사백여 명이 목숨을 잃고 배 수십 척도 잃고 말았소. 며칠 뒤 나와 원 통제사는 다시 전열을 가다듬고는 남은 전선을 이끌고 칠천량으로 나갔소. 하지만 왜선들이 우리를 겹겹이 포위하여 이미 전세는 우리에게 불리하기만 했소. 나는 두려웠소. 그래서 뒷날을 도모하자는 뜻으로 내게 남은 판옥선 열두 척을 몰래 이끌고 이리로 달아났던 것이오."

배설은 담담하게 말했다. 이미 장수가 군사를 이끌고 도망을 갔으니 죽은 목숨이었다. 하지만 배설에게도 할 말은 있었다.

"내가 이런 말을 할 처지는 아니오만, 이 모든 게 원 통제사의 잘못이오. 그는 군사들을 돌보기보다는 운주당에서 술을 마시는 등 향락을 일삼았소. 그런 장수가 조선의 수군을 거느렸으니 오늘과 같은 꼴을 당한 거란 말이오."

운주당은 이순신이 한산도에 세운 작전 사무실이었다. 이순신은 밤낮없이 그곳에서 장수들과 머리를 맞대고 전쟁을 위한 논의를 했었다. 운주당 문을 활짝 열어 놓고 아무리 지위가 낮은 군졸이라도 들어와 할 말을 하도록 하였다. 그 바람에 해안가나 섬에 사는 백성들도 거리낌 없이 찾아와 왜적에 관한 정보를 줄 정도였다. 그런데 원균이 그곳을 자신의 향락을 위해 썼다니 가슴이 터질 듯 아려 왔다. 하지만 이제 원균은 죽고 없었다. 이미 세상 떠난 사람을 향해 삿대질을 하고 모든 책임을 떠넘기려 하는 건 옳지 않았다.

"그런 말 마시오. 이제 와서 그의 잘잘못을 따지는 게 무슨 소용이오? 그도 나와 함께 전쟁에 나가 큰 공을 세운 장수였소. 한 사람의 장수가 아쉬운 때에 그와 같은 장수가 죽었다는 게 그저 안타까울 따름이오. 이제 우린 쑥대밭이 된 조선 수군을 새로이 일으켜 세워야 하는 게 더 다급한 일이오."

이순신은 착잡한 마음으로 눈을 감았다.

신에게는 아직
12척의 배가 있습니다

이순신은 삼도 수군통제사로 다시 돌아왔지만 상황이 좋지 않았다. 그 무렵 조선은 왜군이 다시 침입해 오자 명나라에 즉각 알리고 구원병을 요청하였다. 그러자 명나라는 그해 2월 양호(楊鎬)를 경리로, 형개를 총독으로 마귀를 제독으로 삼아 1만여 명의 군사를 이끌고 내려왔다. 하지만 왜군은 칠천량 전투에서 승리한 뒤 거침없이 군사를 이끌고 전라도 남원성으로 쳐들어갔다.

"끝까지 성을 지켜야 한다!"

조선과 명나라 군이 힘을 합해 왜군을 막아 내려 애썼지만 왜군은 결국 남원성을 함락시키고 말았다. 그리고는 그 기세를 몰아 전주성까지 무너뜨렸다. 전쟁을 하려면 무엇보다 군량미가 중요하다는 걸 안 왜군이 전라도 곡창 지대를 손에 먼저 넣으려고 남원성, 전주성을 친 것이었다. 왜군은 거침없이 한양을 향해 올라갔다. 하지만 다행히 조명 연합군이 직산 소사평 쪽에서 왜군을 막아 내고 있었다.

'모든 게 다 바닷길이 뚫린 탓이다!'

이순신은 안타깝기 짝이 없었다. 이럴 때 무엇보다 중요한 건 전선을 확보하는 일이었다.

벽파진에 진을 친 이순신은 군사를 모으고, 배를 수리했다. 또 총포와 화포를 마련하여 수군을 다시 일으키는 일에 힘을 쏟았다.

그러던 어느 날, 선조의 장계가 날아왔다.

"대체 이게 무슨 말이더냐? 수군을 없애고 육군과 힘을 합해 왜군과 맞서 싸우라니!"

이순신은 하늘이 무너지는 것만 같았다. 선조와 조정 대신들은 이순신을 권율과 함께 바다가 아닌 육지로 나가 싸울 것을 명했다.

"어찌하여 높은 자리에 앉아 있는 조정 대신들은 생각이 이리도 짧단 말인가. 바다를 지키는 수군이 없다면, 왜군은 언제 어느 때라도 쉽게 조선으로 쳐들어올 것인데…… 그들의 길목을 막아도 시원찮은 마당에 빗장을 활짝 열어 주라니!"

이순신은 아무리 임금의 명이었지만 받아들일 수가 없었다.

서둘러 이순신은 책상 앞에 앉아 붓을 들었다.

지금 신에게는 아직 12척의 배가 있습니다.

죽을힘을 다해 막아 싸운다면 능히 대적할 방법이 있습니다.

이제 이순신은 사나 죽으나 바다로 나아가야만 했다. 칼을 빼 들었으니 적장의 목을 베어야만 했다. 이순신을 시기하고 미덥지 않게 생각하는 이들을 위해서라도 반드시 그래야만 했다.

'이번 전쟁은 반드시 이겨야만 한다.'

이순신은 굳은 얼굴로 다짐하였다. 싸움에 나가려면 무엇보다 배가 중요했지만 그보다 더 중요한 건 군사들이었다. 활과 창, 포를 쏘고 노를 젓고 군비를 나르고 살피는 군사들이 턱없이 부족했다. 수많은 전투에서 죽고, 겁이 나서 달아나고, 병들고 허기져 죽은 장정들이 많아서 군사를 구할 수가 없었다.

"지금 우리가 나서서 왜적을 막지 않으면 장차 왜적들이 또다시 너희의 아들딸들이 사는 이 땅을 짓밟을 것이다. 지금 우리가 나서서 그 뿌리를 뽑지 않으면 누가 그 일을 하겠는가? 부디 나를 도와 이 땅을 지키고, 이 바다를 지키고, 삶의 터전을 지키자구나."

이순신은 해안가를 돌며 군사를 모았다.

"여보게들, 이순신 통제사가 계신데 무슨 걱정인가?"

"맞아, 왜놈들도 무서워하는 전쟁의 신이라고 하지 않는가. 나가세, 나가서 우리도 힘을 보태세!"

"나는 옆에서 거드는 일이라도 할 것이네."

젊은 장정들이 주먹을 불끈 쥔 채 삼삼오오 진영에 찾아오기 시작했다. 어느 틈에 바우도 낡은 수군 옷을 입고는 물자를 나르는 일을 거들고 있었다. 몇 년 사이에 몸이 부쩍 커진 바우는 제법 다부져 보였다. 그 어느 때보다 열심히 훈련장에 나가 창과 칼 쓰는 법을 배워 제법 군졸 노릇을 하고 있었다.

"이리 오너라."

그 모습을 물끄러미 바라보던 이순신이 바우를 불렀다.

"장군님, 뭐 시키실 일이라도 있습니까?"

바우가 잰걸음으로 다가왔다.

"아니다. 어느 틈에 네가 부쩍 큰 걸 보니 대견해서 그러는 것이다. 그래, 군사 훈련은 잘 받고 있느냐? 힘들지는 않고?"

"아닙니다요, 힘들기는요. 훈련을 받을 때면 몸이 새처럼 펄펄 날아다닙니다요! 제가 그랬잖아요, 장군님처럼 용감한 무인이 되는 게 꿈이라고요."

"하하, 그랬지, 그랬어. 바우야, 내 네게 선물을 주마. 훌륭한 무인이 되려면 이 책을 꼭 읽어야 하느니라."

"혹시 그, 그 책 말씀이십니까? 지난번에 보여 주신 『증손전수방략』 말이어요?"

"오냐, 내 손때가 묻은 책이니 늘 가까이 지니고 다니며 보거라. 그리고 훗날 네 소원대로 이 나라를 지키는 큰 무인이 되어다오."

"장군님, 고, 고맙습니다! 꼭 그리하겠습니다! 제가 멋진 무인이 되는 걸 꼭 지켜봐 주세요, 네?"

바우는 떨 듯이 기뻐하며 책을 소중하게 받아 들었다.

이순신은 흐뭇한 얼굴로 그 모습을 바라보았다.

9월 14일, 육지로 염탐을 내보냈던 임준영이 다급하게 달려와 소식을 전했다.

"통제사 나리, 왜선에게 붙잡혔다가 도망 나온 자에 의하면, 지금 어란포 쪽에 왜선 오십오 척이 들어와 있다 합니다. 또 김해에 사는 한 어부가 왜선에게 붙잡혔다가 나왔는데 조선 수군이 자신들의 배를 불태웠으니 이제 조선 수군을 모조리 죽이고 경강*으로 올라가자고 했답니다."

"흠, 알겠다!"

이순신은 드디어 때가 왔음을 직감했다. 왜적은 이제 조선 수군을 깔보고 대대적으로 전선을 이끌고 해남 앞바다로 나오고 있었다.

이순신은 서둘러 이튿날 새벽 함대를 이끌고 벽파진에서 해남 우수영 쪽으로 진을 옮겼다. 벽파진 뒤에 명량 해협**이 있어 명량을 등지고 진을 쳐서는 안 되기 때문이었다.

9월 16일이었다. 망을 보던 군사 하나가 와서 다급하게 외쳤다.

"장군님, 지금 왜선 백삼십삼 척이 명량을 거쳐 이쪽으로 다가오고 있습니다!"

'드디어 올 것이 왔구나!'

이순신은 마침내 장수들을 모두 불러들였다.

전라우수사 김억추, 조방장 배흥립, 회령포, 녹도, 발포, 영등포, 안골

---

* 예전에, 서울의 뚝섬에서 양화 나루에 이르는 한강 일대를 이르던 말.
** 전라남도 해남군 화원 반도와 진도 사이에 있는 좁은 해협. 울돌목.

포 만호를 비롯하여 거제 현령 안위, 해남 현감 류형 등 장수들이 모여 작전 회의를 했다.

"염탐꾼에 따르면 구루시마 미치후사, 도도 다카하라 같은 왜 명장들이 함대를 이끌고 명량을 거쳐, 전라도 쪽으로 올라가 고니시의 부대와 합세할 계획이라고 합니다. 지금 우리에겐 판옥선 열두 척과 전라우수사 김억추가 가져온 전선 한 척을 합해 모두 열세 척의 배가 있습니다. 우린 내일 새벽 열세 척의 배를 이끌고 나가 적과 맞서 싸워야 합니다."

"하지만 지금 왜군은 칠천량 전투의 승리로 한껏 자신감이 높아져 있습니다. 그걸 꺾을 수 있겠습니까?"

전라우수사 김억추가 물었다.

"알고 있습니다. 하지만 그렇다고 두 손 두 발 다 놓고 왜적을 보고만 있어야 한단 말입니까? 아무리 적의 숫자가 많다 해도 작전을 잘 세우면 우리에게도 승산이 있을 것입니다! 자, 여길 보십시오!"

이순신은 지도를 펴 놓고는 지휘봉을 들어 설명했다.

"여기가 바로 명량, 울돌목입니다. 이곳은 전라도를 거쳐 서해로 나아갈 수 있는 물목으로, 수심이 얕고 조류가 아주 빠른 곳입니다. 왜군은 분명히 해류가 안정적일 때 여길 지나려 할 것입니다. 하지만 해류는 바뀌는 법, 우리가 넓은 바다에서 그들과 맞서 싸운다면 여러 가지로 불리하지만 그들을 울돌목 안쪽으로 유인하여 바닷물의 흐름이 바뀔 때를 노린다면 우리에게도 승산이 있을 것입니다."

이순신은 목소리를 높여 장수들을 설득하였다. 울돌목은 '좁은 물목으로 바다가 운다'는 뜻이었다. 그만큼 물살이 세고 거칠어서 물때를 잘 맞추지 않으면 지나갈 수 없는 위험한 곳이었다.

'그렇다. 울돌목으로 왜군을 끌어들일 수만 있다면 얼마든지 이길 수 있을 것이다!'

이순신은 적이 바로 코앞에 이르렀으니 어떻게든 막아 내야만 했다. 하지만 무엇보다 승리에 대한 확신이 없는 장수와 군사들의 사기를 북돋아 주는 게 시급했다.

이순신은 병영으로 나가 모든 장수들과 군사들을 불러 모았다.

"우리는 이제 내일 새벽이면 적과 맞서 싸우러 나간다. 병법에 이르기를 '반드시 죽고자 하면 살고, 반드시 살고자 하면 죽는다(必死卽生 必生卽死)'라고 하였다. 또 '한 명이 길목을 지키면 천 명도 두렵게 할 수 있다(一夫當逕 足懼千夫)'라고 했다. 이는 오늘의 우리를 두고 이른 말이다. 만약 너희가 조금이라도 명령을 어기는 일이 있다면 조금도 용서치 않을 것이다! 그러니 우리는 죽기를 각오하고 싸워야 한다!"

이순신은 그 어느 때보다 우렁찬 목소리로 외쳤다.

"통제사 어른, 만세!"

"이순신 장군, 만세!"

군사들이 함성을 질렀다. 그렇다. 이순신이 누구인가. 전쟁에 나가 한 번도 진 적이 없는 장군이 아니던가. 군사들은 이순신을 믿었다. 이순신의 지략과 용기와 판단을 믿었다. 이순신이 조선의 바다를 지켜 주고 자신들의 가족과 재산을 지켜 주리라 굳게 믿었다.

이순신은 마을 사람들을 불러 모아 간청하였다.

"그대들이 나를 믿고 고기잡이배를 몰아 전함 뒤에 따라와 주시오. 왜군에게 우리의 배가 열세 척뿐 아니라 그보다 더 많은 전선을 거느리고 있는 것처럼 보여 주려는 게요."

"나리, 저희는 평생 바다에서 고기를 잡으며 산 뱃사람들입니다. 저희보다 더 바닷길을 잘 아는 자는 없습니다. 당연히 따르겠습니다."

"저희도 힘을 보탤 수만 있다면 죽어도 여한이 없습니다."

그날 밤, 우수영 근처 마을 사람들은 아무도 잠을 자는 사람이 없었다. 새벽이 올 때까지 주먹밥을 만들고, 무기를 나르고, 군복을 손질하고, 화약을 나르며 전쟁 준비를 하느라 눈 코 뜰 새가 없었다.

이순신도 진지에 앉아 곧 다가올 전쟁에 맞설 작전을 짜느라 골몰했다. 한산도 대첩에서는 학익진을 써서 왜적을 물리쳤지만 울돌목에서는 딜라아 했다.

'어떤 전법을 써야 하나.'

이순신이 책상 앞에 앉아 한참 궁리를 하고 있을 때였다. 문 앞에 류성룡이 떡 하니 서 있는 게 아닌가.

"아니, 영의정께서 어떻게 여기까지 오셨습니까? 어서 오십시오!"

이순신은 반가운 마음에 환하게 웃으며 달려 나갔다.

"허허, 이제 곧 전선으로 나가야 하는 통제사를 위로하러 왔소. 그들에 비해 우리 함대가 열 배나 적으니 무작정 달려 나갔다가는 참패를 당하기 십상이오. 이럴 때일수록 작전을 잘 짜야 하오. 그래서 내 통제사에게 이걸 주러 왔소. 자, 받으시오."

류성룡은 일자로 쭉 뻗은 대나무 막대기 하나를 내밀었다.

"아니, 이걸 주러 일부러 여기까지 오셨단 말이오?"

이순신이 일어나 대나무 막대기를 받았다. 그 순간 누군가가 이순신을 불렀다. 수군이 되어 이순신을 곁에서 보필하던 아들 회였다.

"아버님, 무슨 생각을 그리하십니까?"

"아니, 내가 잠시 꿈을 꾸었구나. 영의정 꿈을 꿨어."

그 순간 이순신은 깨달았다. 그랬다. 일자로 쭉 뻗은 대나무 막대기, 그건 일자진을 암시하는 꿈이었다.

'그래, 좁은 울돌목에서 전선을 일자로 늘어뜨린 채 왜군이 지나가지 못하게 막는다면 우리에게 승산이 있다. 일자진이다, 일자진이야!'

이순신은 다시 장수들을 불러 보아 일자진에 대해 설명을 했다. 그러는 사이 망루를 지키며 망을 보던 군관이 다급하게 달려와 말했다.

"지금 어란포에 정박 중이던 많은 적선들이 점점 진지를 향해 오고 있습니다!"

이순신은 곧바로 미리 대기하고 있던 군사들에게 명령했다.

"이제 적들이 우리 앞까지 오고 있다. 지금 당장 닻을 올리고 바다로 나가 적과 맞서 싸우자!"

이순신은 대장선을 타고 제일 앞장서서 돌격하였다. 전선들이 맨 앞에 서고, 백성들이 고기잡이배, 사람을 싣는 배 등 탈 수 있는 모든 배를 몰고 나와 그 뒤를 죽 따라나섰다.

바다는 그 어느 때보다 맑고 잔잔했다. 진도와 해남의 드넓은 앞바다를 지나 왜군들도 울돌목 쪽으로 함대를 이끌며 나오고 있었다. 조류는 왜선들이 나아가기 좋게 순조롭게 흐르고 있었다.

이순신이 전선을 이끌고 나오자 왜군들은 북을 치고 함성을 지르며 더욱 가까이 다가왔다. 칠천량 전투에서 승리를 거둔데다 숫자적으로 유리한 왜군들의 사기는 그 어느 때보다도 드높았다. 왜선은 서서히 조선 수군이 탄 배를 포위하기 시작했다.

"여기서 저들에게 갇히면 안 된다. 길을 뚫어야 한다. 어서, 공격하라!"

이순신이 맨 앞장서서 깃발을 들며 명령을 내렸다. 먼저 지자총통, 현자총통, 천자총통을 펑펑 쏘아 댔다. 그러자 왜선 서너 척이 불에 탄 채 침몰했다. 하지만 왜선도 만만치 않았다. 조총을 쏘며 한꺼번에 빽빽하게 좁혀 왔다. 이순신이 탄 대장선을 빼고 조선의 전함들이 겁을 집어먹고 앞으로 나서지 못한 채 뒤로 물러서기 시작하였다.

"물러서지 마라! 끝까지 버텨야 한다!"

이순신이 칼을 흔들며 외쳤다. 잠시 공격이 주춤한 사이 이순신은 장수들을 부를 때 쓰는 초요기를 올렸다. 그러자 뒤로 물러나 있던 거제 현령 안위가 다가왔다. 이순신은 칼을 높이 든 채 호통을 쳤다.

"안위야, 네가 군법에 죽고 싶으냐? 도망가면 살 수 있을 것 같으냐?"

뒤따라온 중군장 미조항 첨사 김응함에게도 마찬가지였다.

"너는 중군장이 되어서 멀리 피하고 대장을 구하지 않으니 그 죄를 어찌 면할 것이냐? 당장 너를 처형하고 싶지만 적의 형세가 워낙 다급하니 공을 세우게 해 주겠다."

"장군, 살려 주십시오!"

"지금 당장 나가 적을 물리치겠습니다!"

안위와 김응함은 적진 속으로 황급히 나아갔다. 그러자 기다렸다는 듯 왜 장수는 전선 3척을 이끌고 안위의 배로 다가와 개미 떼처럼 달려들었다. 안위의 배에 탄 수군들은 긴 창과 몽둥이, 돌을 던지며 왜군과 맞서 싸웠다. 이순신은 뱃머리를 돌려 그들에게로 달려가 빗발치듯 화포를 쏘아 댔다. 왜선 3척에 불이 붙고 거의 가라앉을 무렵 녹도 만호 송여종과 평산포 대장 정응두가 달려와 함께 적을 향해 불화살과 조총을 쏘아 댔다. 결국 배가 뒤집히고 적군은 단 한 명도 살아남지 못했다.

"야아, 왜선이 무너졌다! 배가 기울기 시작했다!"

마침내 왜선 3척이 불길에 휩싸인 채 가라앉기 시작하자 군사들은 함성을 지르며 기뻐했다. 그때였다. 안골포 해전에 나섰다가 조선에 투항한 왜인 준사가 다급하게 외쳤다.

"자, 장군님, 저기 저, 무늬가 있는 붉은 비단옷을 입고 있는 자가 바로 왜의 장수 마다시입니다!"

"그게 정말이냐?"

이순신은 당장 물 긷는 군사 김돌손을 시켜 즉시 마다시를 끌어올리라고 했다. 화포를 맞고 죽어 가는 마다시는 바로 왜군의 명장 구루시마 미치후사였다.

"이자는 남원성을 함락시킬 때도 앞장섰던 왜의 장군이다!"

이순신은 구루시마의 목을 단칼에 쳐서 뱃전에 높이 달았다.

"와아! 왜 장수가 죽었다! 적장이 죽었다!"

수군들은 마구 함성을 질렀다. 해적 출신으로 누구보다 물길을 잘 알았던 구루시마는 선봉에 섰다가 보기 좋게 참패를 당한 것이었다. 조선

의 배가 고작 13척 뿐이라는 걸 아는데다, 울돌목의 물살이 비록 빠르긴 해도 쉽게 빠져나가리라 여긴 게 잘못이었다.

"아아, 장군이 죽었다! 구루시마 장군이 죽었다!"

왜적들의 사기는 뚝 떨어졌다. 구루시마가 죽은 것을 안 총대장 도도 다카하리를 비롯하여 와키자카 야스히루, 나카가와 히데나리, 하치스카 이에마사 등 장수들은 이제 울돌목을 빨리 벗어나 큰 바다로 나가는 게 우선이었다.

"조선의 수군을 뚫고 나가라!"

왜 장수들은 검은 칠에다 금빛 칠을 한 안택선에 서서 다급하게 명령을 내렸다. 왜선들이 슬슬 울돌목 가운데로 들어섰을 때였다. 미리 울돌목의 좁은 입구로 나가 있던 이순신은 계획한 대로 전선들을 일자진으로 죽 세웠다.

조선의 배 13척으로 왜의 남은 전선 130여 척을 막아 내야 하는 중요한 순간이었다. 이순신은 마음이 초조해졌다.

'어서 바뀌어야 한다. 어서!'

울돌목은 수심이 얕고 좁아서 한꺼번에 전선이 많이 드나들 수 없었다. 게다가 밀물 때가 되면 남해의 바닷물이 한꺼번에 좁은 울돌목으로 몰려와서 바닷물의 흐름이 급격하게 빨라진다는 것을 이순신은 알고 있었다.

'그때를 노려 왜적들을 물리쳐야 한다. 이제 조금만 더 버티면 그때가 올 것이다.'

이순신은 잔뜩 긴장한 채 물길이 바뀌기만을 숨죽여 기다렸다.

마침내 왜선들이 울돌목 안으로 서서히 다 들어왔을 때였다. 물길이 바뀌기 시작하더니 갑자기 소용돌이치기 시작하였다. 아무리 빠져나가려 해도 바닷물은 마치 어두컴컴한 동굴 속으로 빨려 들어가듯 빙글빙글 돌며 세차게 휘몰아쳤다. 그 소용돌이에 한 번 갇히면 살아남을 배가 한 척도 없었다.
"이때다! 어서 공격해라!"
이순신은 목청을 높이며 공격 명령을 내렸다.
순식간에 어마어마한 화력을 내뿜는 대장군전에서 화약이 날아가고, 불화살이 날아갔다. 왜군들은 화포를 쏘며 맞섰지만 화포 기술이 한 수 위였던 조선의 화포를 당해 내지 못했다. 배에 불이 붙은 채 서로 먼저 달아나던 왜선들끼리 서로 부딪쳐 배가 부서지고, 울돌목의 사정을 잘 모르는 왜선들은 암초에 부딪쳐 저절로 나가 떨어졌다.
그러는 중에도 이순신은 10여 척에 이르는 조선의 배들이 서로 힘을 합해 당파 작전을 쓰도록 했다. 바로 왜선과 왜선을 부딪쳐서 부서지게 만드는 작전이었다.
울돌목의 좁은 해협에 불에 탄 왜의 전선과 수군들이 물속으로 가라앉고 있었다.
"퇴각하라! 퇴각하라!"
한차례 휘몰아치던 바닷물은 오후 대여섯 시가 되자 누그러지기 시작했다. 그 틈을 노려 왜의 장수들은 다급하게 퇴각 명령을 내렸다. 총대장 도도 다카토라도 부상을 당한 채 도망가기 바빴다.

"왜적들이 달아나지 못하게 그 퇴로를 막아라!"

이순신은 초요기를 흔들며 목청이 터져라 명령하였다. 하지만 여러 가지로 우세했던 왜는 전선 30여 척과 수군 3,000여 명을 잃은 채 꽁무니가 빠지게 도망을 갔다. 군사를 이끌고 나가 육지의 군사들과 연합 작전을 펴서 경상도, 전라도에 이어 서해안까지 진격하려던 왜의 계획은 이순신이 이끄는 명량 해협에서 보기 좋게 참패를 당한 것이었다.

'참으로 하늘이 도왔구나.'

이순신은 불타는 왜의 전선들을 바라보며 눈을 지그시 감았다.

류성룡의
편지

'대체 무슨 징조일까?'

이순신은 새벽녘 해괴한 꿈을 꾸고 자리에서 일어났다. 말을 타고 언덕 위를 달려가는데 갑자기 말이 발을 헛디더 냇물 한가운데로 떨어졌다. 다행히 고꾸라지진 않았지만 얼핏 막내아들 면이 엎드린 채 이순신을 끌어안고 있는 모습이 보였다.

'면에게 무슨 일이 생긴 게 아닌가?'

이순신은 잠시 아산에서 가족들을 돌보고 있는 막내아들 면을 떠올렸다.

그렇잖아도 명량 대첩에서 참패를 당한 왜군들이 이 마을 저 마을을 돌아다니며 불을 지르고 분풀이를 하고 있던 때였다. 특히 천안 직산 근처에 진을 치고 있던 왜군들이 남쪽으로 후퇴하면서 충청도 지방을 쑥

대밭으로 만들고 있다는 소식을 들은 터라 더욱 그랬다.

'아, 회는 어찌 이리 더디 오는 것이냐!'

이순신은 불안한 마음에 아들 회를 아산으로 보내 집안 소식을 알아 오게 하던 중이었다.

하루 종일 해괴한 꿈 때문에 불안해하던 이순신에게 저녁나절 천안에서 오는 사람 편에 마침내 서찰이 전해졌다. 둘째 아들 열이 보낸 편지였다. 이순신은 떨리는 손으로 편지를 열었다. 그러자 두 글자가 눈에 들어왔다.

이순신은 뼈와 살이 떨리고 다리가 휘청거렸다. 부들부들 떨리는 손으로 간신히 서찰을 읽어 보니 막내아들 면이 왜군과 싸우다가 죽었다는 청천벽력과 같은 내용이었다.

"아아, 면아, 아들아, 내 아들아! 네가 죽었다니!"

이순신은 주저앉아 통곡을 했다. 왜군은 명량 대첩에서 크게 패하자 이순신의 본가가 있는 아산으로 군사들을 보내 마을에 불을 지르고 사람들을 닥치는 대로 죽이는 행패를 저질렀던 것이다. 면은 급하게 어머니를 피난시킨 뒤 왜군에 맞서 싸우다가 전사했다. 그렇잖아도 본가가 걱정되어 큰아들 회를 아산으로 보낸 지 얼마 되지 않은 터였다. 이순신

은 가슴이 미어졌다.

"아아, 면아, 내가 죽고 네가 사는 게 마땅하거늘, 어찌 네가 죽고 내가 살았단 말이냐. 아아, 슬프도다! 행여 내가 지은 죄 때문에 그 화가 너에게 미친 것이냐, 내 너를 따라 죽고 싶어도 네 형, 네 누이, 네 어머니를 생각하니 그 또한 하지 못하고 그저 통곡할 뿐이구나. 아아, 하룻밤이 한 해처럼 길기만 하구나!"

이순신은 하염없이 울고 또 울었다. 그 모습을 본 군관과 시종을 비롯해 아들과 조카, 바우도 입을 손으로 틀어막고 애통해했다.

그 밤이 지나고 그 다음 날도 어떻게 지나갔는지 모르게 하루가 지나갔다. 이순신은 깊은 슬픔에 차 있으면서도 부하들에게 왜적의 정세를 살피러 내보냈다. 그 다음 날도 마찬가지였다.

'내일이면 면이 죽은 지 나흘째 되는 날인데도 나는 마음 놓고 슬피 울지도 못하는구나.'

찢어지는 슬픔을 가눌 길 없던 이순신은 군관들을 다 물리치고 강막지의 소금 창고로 들어갔다. 아무도 보는 이 없는 어두침침한 소금 창고에 들어가니 참았던 울음이 터져 나왔다. 이순신은 어깨를 들썩이며 오래도록 목메어 울었다.

그 뒤에도 이순신은 애끓는 슬픔을 안으로 삭이며 왜군들이 나타나면 달려가 적의 전선을 물리치고 그들의 목을 베어 오는 등 크고 작은 전쟁을 치렀다. 몸을 돌보지 않아 때로는 토사곽란*에 시달리고, 코피를

* 위로는 토하고 아래로는 설사하면서 배가 질리고 아픈 병.

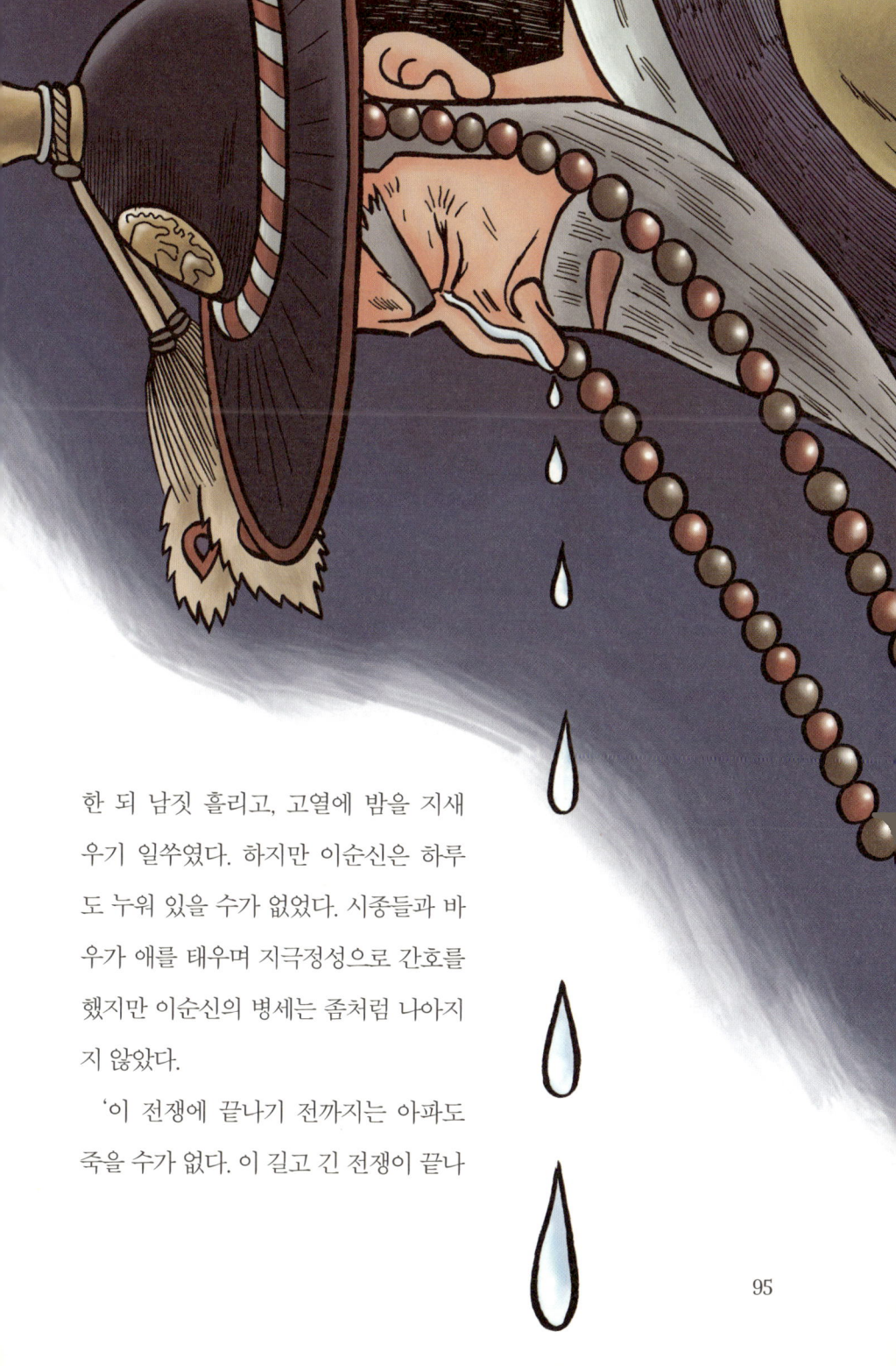

한 되 남짓 흘리고, 고열에 밤을 지새우기 일쑤였다. 하지만 이순신은 하루도 누워 있을 수가 없었다. 시종들과 바우가 애를 태우며 지극정성으로 간호를 했지만 이순신의 병세는 좀처럼 나아지지 않았다.

'이 전쟁에 끝나기 전까지는 아파도 죽을 수가 없다. 이 길고 긴 전쟁이 끝나

는 날, 그때 비로소 길고도 긴 잠을 자리라.'

이순신은 이를 악물고 슬픔과 아픈 몸을 이겨 냈다.

정유년이 저물어 가고 무술년, 새날이 밝아 왔지만 전쟁은 아직 그 끝이 보이지 않았다.

그해 2월, 이순신은 진영을 고금도로 옮겼다. 봄이 가고, 여름이 올 때까지 백성들이 가지고 있던 구리와 쇠를 모아 대포를 만들고, 나무를 베어 배를 만들고, 수군을 훈련시키며 군량미를 비축하는 일에 힘을 쏟았다.

그러던 어느 날, 영의정에게서 편지가 왔다.

통제사, 그동안 잘 지내고 있는지요?

임진년에 시작한 전쟁이 이제 벌써 7년째로 접어들었구려. 왜군이 남쪽으로 도망을 가면서 백성들의 재물을 약탈하고 집에 불을 지르는 것도 모자라 자신들의 전공을 세우려고 백성들의 코와 귀를 베어 가니 아들과 지아비를 잃은 부모와 처자식들의 애끓는 울음소리가 그치질 않고 있소. 하지만 이제는 이 지긋지긋한 전쟁을 끝낼 때가 된 듯하오. 지금 조정에서는 큰 결정을 내렸소. 명나라 병부상서 형개를 총사령관으로 삼고 조선군과 연합 작전을 펼쳐 해안가에 왜성을 쌓고 버티고 있는 왜군을 이 땅에서 몰아낼 것이오.

명나라 장수 마귀가 가토 기요마사의 울산 왜성을, 동일원은 시마즈 요시히로의 사천 왜성을, 류정은 고니시 유키나가의 순천 왜성을 공격하고, 진린 도독과 통제사가 이끄는 수로군까지 네 갈래로 나눠어 공격하는 것이오. 하지만 아무도 그 결과를 예측할 수 없는 힘든 싸움이 될 것이오. 왜도 조선도 죽기 살기로 싸워야 하는 싸움일 테니 말이오.

그러니 모쪼록 건강하기 바라오. 부디 살아남아, 전쟁이 끝나는 날 우리 술잔을 높이 들어 승리의 기쁨을 나누도록 합시다. 물론 함께 바둑도 두고 말이지요.

이순신은 류성룡의 편지를 읽고 또 읽었다. 구구절절 이순신을 걱정하는 마음이 가득 담겨 있었다.

'영의정, 잘 알겠소. 그날이 오는 날 우리 홀가분하게 모든 짐을 다 내려놓고 밤새 이야기합시다. 영의정이 좋아하는 바둑도 두고 말이오. 반드시 그 약속을 지켜 드리리다.'

얼마 후 류성룡의 전갈대로 7월 16일, 진린 도독이 수군 5천 명을 이끌고 이순신의 함대가 있는 고군도로 들어왔다. 진린의 임무는 장차 등자룡, 이순신과 합세하여 순천 왜성에 있는 고니시 유키나가를 사로잡는 것이었다.

"진 도독, 어서 오십시오!"

이순신은 진린이 이끄는 전선이 들어서는 것을 보고는 군사를 이끌고 멀리까지 나가 깍듯하게 맞이했다. 그런 다음 미리 군사들을 시켜 잡아 온 사슴, 멧돼지 고기와 귀한 생선으로 마련한 주안상을 내놓았다. 진린이 먹는 것과 술을 좋아한다는 것을 미리 알고 준비한 것이었다.

'지금 한 사람의 군사가 더 필요한 때에 진린의 비위를 상하게 하여 그가 군사를 이끌고 돌아가면 누구의 손해란 말인가. 하찮은 자존심을 내세워 일을 그르치게 할 순 없다. 그를 잘 구슬려 우리 수군과 함께 왜군을 무찌르도록 해야 한다.'

이순신은 속으로 다짐하였다.

"으하하하, 이순신은 참으로 뛰어난 장수요."

진린은 이순신의 환대에 입이 벌쭉 벌어질 정도로 좋아했다.

진린이 내려온 지 이틀째 되는 날이었다.

"장군, 지금 왜선 백여 척이 금당도 쪽으로 다가오고 있다는 첩보가 들어왔습니다!"

척후병이 다급하게 알려왔다. 이순신은 당장 진린에게 그 사실을 알리고 출전할 것을 요구하였다.

"우리 수군은 먼 길을 오느라 힘들었으니 조선 수군의 뒤를 지키고 있겠소."

진린이 슬며시 꽁무니를 뺐다. 이순신은 그 길로 전선을 이끌고 금당도로 나가 밤을 지새우며 왜선을 기다렸다. 마침내 이튿날 새벽 멀리서 왜선이 절이도˙와 녹도 사이를 뚫고 금당도로 나아오는 게 보였다.

"돌격! 한 척도 돌려보내지 마라!"

이순신은 대장선을 타고 앞장서서 달려 나갔다. 그리고는 왜적과 맞붙어 왜선 50여 척을 격파하고 왜군들의 목을 베었다. 전투가 한창임에도 진린이 이끄는 수군은 강 건너 불구경하듯 몸을 사린 채 구경만 했다.

전투가 끝나자 이순신은 진린에게 왜적의 수급˙˙ 40급을 넘겨주었다.

"대감이 명나라 대장으로서 이곳에 온 것은 왜적을 물리치기 위해서입니다. 그러니 여기서 이루어지는 승리는 모두 대감의 승리입니다. 우리가 베어 온 적의 수급을 드립니다. 이 공을 황제께 아뢰면 얼마나 좋아하시겠습니까?"

이순신은 어떻게든 진린을 다독여 왜적을 물리칠 궁리만 했다. 진린은 크게 기뻐하며 이순신을 점점 더 좋아하게 되었다.

---

*   전라남도 여수에 있는 섬으로, 지금은 거금도라 부름.
** 전쟁에서 베어 얻은 적군의 머리.

노량 바다에서
별이 지다

 어느 날 조정에서 도요토미 히데요시가 1598년 8월 18일 세상을 떠났다는 소식이 전해졌다. 그와 함께 왜의 장수들에게 당장 조선에서 철군하라는 명이 내려졌다.
 "그건 안 된다! 단 한 척의 배도, 단 한 명의 왜군도 그냥 보낼 수는 없다!"
 이순신은 주먹을 불끈 쥐었다. 지난 임진년부터 무술년에 이르기까지 거의 7년 동안 왜군에게 짓밟힌 조선 백성들의 비참한 모습이 떠올랐다. 억울하게 죽은 면의 얼굴도 떠올랐다. 객지에서 돌아가신 어머니의 얼굴도 떠올랐다.
 도요토미 히데요시의 갑작스러운 죽음으로 왜군도 바빠졌다. 이순신에게 연달아 패한 뒤 보급로가 막히고, 곧 다가올 추위를 두려워하던 중

철수 명령이 내려지자 왜의 장수들은 앞다투어 울산과 사천, 순천 앞바다를 통해 도망칠 궁리를 했다.

조명 연합군이 울산 왜성과 사천 왜성을 치려다가 실패하자 조정에서는 이제 고니시 유키나가가 지키고 있는 순천 왜성으로 군사를 보냈다.

이순신과 진린에게도 배를 이끌고 나가 수로에서 그들을 물리치라는 명이 내려졌다.

"도독, 당장 나아가 그들의 퇴로를 막아야 합니다!"

마침내 이순신과 진린은 전선을 이끌고 고금도를 떠나 순천 왜교성과 가까운 장도를 공격하였다. 장도는 왜군의 군량미 창고가 있는 섬이었다. 이순신은 수군을 상륙시켜 군량미를 빼앗아 왔다. 그리고 나머지는 불태워 왜군이 식량을 얻을 수 없도록 했다.

이순신은 대장선 맨 앞에 서서 파도를 헤치며 순천 왜성 깊숙이 진격하였다. 진린이 전선을 이끌고 그 뒤를 따라왔다.

어두운 밤, 바다를 헤치며 노 젓는 소리만이 들려왔다. 마침내 멀리 날아갈 듯 서 있는 천수각과 높은 돌담, 해자로 빙 둘러싸인 왜성이 보였다.

'감히 조선 땅에다가 보란 듯 왜성을 짓다니!'

이순신은 분노가 일었다. 게다가 고니시 유키나가는 제일 앞장서서 조선을 침략한 왜의 명장이었다. 반드시 그의 길목을 막아 내야만 했다.

하지만 고니시 유키나가가 이끄는 왜선 500여 척은 신성포 깊숙이 숨어 있었다. 더 가까이 진격하려 해도 수로에 빽빽이 박아 둔 말뚝 때문

에 좀처럼 나아갈 수가 없었다. 설령 안으로 진격한다 해도 썰물 때가 되면 꼼짝없이 뻘 안에 갇히게 될 것이었다.

'안타깝도다. 어떻게든 저들을 밖으로 끌어내야 할 텐데.'

이순신은 항상 큰 바다로 적을 이끌어 내어 대파시키는 작전을 즐겨 썼다. 하지만 이번에는 달랐다. 고니시 유키나가는 맞서 싸우기보다 숨어서 기회를 엿보고 있었다.

전투가 주춤해지자 생쥐처럼 숨어 있던 고니시 유키나가는 빠져나갈 궁리를 하느라 바빴다.

'어떻게든 조선의 바다를 빠져나가야 한다. 하지만 이순신의 수군이 물 샐 틈 없이 지키고 있는 이상 빠져나갈 길이 없다. 어찌해야 하니.'

고니시 유키나가는 궁리 끝에 한 가지 꾀를 생각해 냈다.

'그렇다. 명나라 장수들을 구워삶아야 한다. 그들도 빨리 전쟁이 끝나기를 기다리고 있지 않은가. 그들에게 도망갈 길을 열어 달라고 하자.'

고니시 유키나가는 명나라 유정 제독에게 뇌물을 보냈다.

"부디 우리 장군님이 무사히 바다로 빠져나가게 눈감아 주십시오. 이 은혜는 평생 잊지 않겠습니다."

고니시 유키나가의 부하는 금은보화가 가득 든 상자를 유정에게 내밀었다.

"으하하, 그렇게 해 주겠다!"

유정은 적군의 부하에게 은밀히 약조를 하였다.

그런 줄도 모르고 이순신은 밀물 때가 되자 다시 한 번 공격에 나섰다. 유정 제독이 육지에서 왜성을 치면 그때를 맞춰 이순신이 바다로 내려오는 왜군을 재빨리 물리치는 작전이었다. 그런데 어찌된 일인가. 이순신이 전함을 이끌고 초조하게 기다렸지만 유정은 군사들을 움직이기는커녕 오히려 순천 쪽으로 퇴각하는 것이었다. 결국 이순신과 진린의 수군만으로 왜성을 공략해야만 했다.

"공격! 공격하라!"

이순신은 북을 치며 목청껏 수군들을 독려하였다. 이날 이순신은 왜선 30여 척을 침몰시키고 11척을 사로잡고, 왜군 3천 명을 무찔렀다. 하지만 조선과 명나라의 피해도 만만찮았다. 명나라 전선 30척이 불에 타거나 침몰하고 명 수군 2,300여 명이 죽었다. 게다가 왜군에게 포위된 명 수군을 구하러 가던 사도 첨사 황세득과 군관 이청일, 조선 수군 130여 명도 죽었다.

"분하고 안타깝도다!"

이순신은 눈물을 흘리며 고금도로 돌아와야만 했다.

"장군, 이는 분명 고니시와 유정 사이에 무슨 계략이 있는 게 분명합니다!"

송희립을 비롯한 이영남, 우치적이 이순신에게 불만을 털어놓았다.

"고니시가 본국으로 가려면 우리가 지키는 이 바다를 건너야만 한다. 하지만 결코 나는 그 길목을 열어 주지 않을 테다!"

이순신은 화가 난 군관들을 다독이며 더욱 힘주어 다짐하였다.

여섯 차례나 계속되는 크고 작은 전투에서 많은 수군과 병력을 잃은 고니시 유키나가는 마음이 다급해졌다. 이번에는 진린 제독을 구워삶기로 하였다.

"이순신이 아무리 강하다고 하나 진린 제독의 말을 거역할 수는 없으리라."

고니시 유키나가는 진린 제독에게도 귀한 선물을 보냈다. 유정 제독도 진린에게 고니시 유키나가가 본국으로 돌아가려 하니 그 길을 열어 주라며 으름장을 놓았다. 하지만 이미 이순신의 사람됨을 존경하던 진린은 이 사실을 이순신에게 모두 털어놓았다.

"순천 왜성의 왜군들이 초열흘 사이에 철수한다는 기별이 왔소. 급히 나아가 돌아가는 길을 끊도록 하시오."

"고맙소! 내 결코 고니시 유키나가를 돌려보내지 않을 것이오!"

고니시 유키나가가 도망가려 한다는 정보를 얻은 이순신은 불같이 화를 내며 수군을 이끌고 다시 왜성 근처 백서량에 진을 쳤다. 하지만 왜선은 몸을 사린 채 밖으로 나오지 않았다. 며칠이 흘러갔다.

'언제 고니시가 왜선을 이끌고 나올지 모른다. 길목을 지켜야 한다.'

이순신은 바다 위에 배를 띄운 채 며칠을 기다렸다. 유정 제독과 진린 제독에게 차례로 뇌물을 바쳤지만 별 성과가 없자 고니시 유키나가는 바짝 몸이 달았다.

"이순신, 이순신, 이순신! 내 그놈의 목을 치지 못한 게 천추의 한이로다!"

발을 구르며 화를 내던 고니시 유키나가는 마침내 사천 왜성에 있는 시마즈 요시히로에게 구원을 청하였다. 시마즈 요시히로는 7천 명의 군사로 명나라 장수 동일원이 이끄는 조명 연합군 4만여 명을 격파한 무서운 장수였다.

"시마즈라면 나를 구해 줄 수 있을 게다. 시마즈 함대가 이순신과 맞서 싸우는 사이에 나는 그 틈을 이용해 빠져나가야겠다."

고니시 유키나가는 또 한 번 자신의 운을 믿어 보기로 했다. 하지만 시마즈에게 구원병을 보내 달라는 통신선을 내보내려면 누군가의 도움

이 필요했다. 고니시 유키나가는 이번에도 술과 음식에 욕심이 많은 진린을 이용하기로 했다. 고니시는 11월 14일, 돼지 2마리와 술 2통을 보내 환심을 샀다. 그 뒤를 이어 16일에는 또 배 3척에 창과 칼을 실어 보내며 간청하였다.

"부디 나를 도와주시오. 우리 통신선이 지나갈 수 있도록 눈감아 주십시오."

진린은 못이기는 채 고니시 유키나가의 청을 들어주었다.

'왜군이 돌아가고 나면 이 지긋지긋한 전쟁도 빨리 끝날 게 아닌가. 그럼 나도 고향으로 돌아가 두 다리 쭉 뻗고 잘 수 있겠지.'

진린은 마침내 왜 수군 8명이 탄 통신선 한 척을 슬그머니 내보내 주었다. 그런데 진린의 수군 가운데 이순신을 존경하는 사람이 있었다. 그는 아무도 몰래 이 사실을 이순신에게 알려 주었다.

"군관들은 들어라. 이제 고니시의 통신선이 나갔으니 머잖아 구원병들이 달려올 것이다. 안타깝지만 우리는 왜성에 대한 감시를 풀고 이젠 그들에 맞서 싸우러 가야 한다. 어쩌면 이것이 우리의 마지막 전투가 될 것이다. 죽기를 각오하고 그들을 막아 내야 한다."

이순신은 수군 한 사람, 한 사람을 보며 힘주어 말했다. 그리고는 진린에게도 그 사실을 알렸다.

'아, 내가 잘못했구나. 이순신의 말이 옳다. 이제 나도 이순신을 도와 내 맡은 바 일을 다 해야 한다.'

뒤늦게 자신의 잘못을 깨우친 진린은 이순신을 따라 뱃머리를 돌렸다.

11월 17일, 시마즈의 함대가 고니시 유키나가를 구하기 위해 서서히 광양만 쪽으로 오고 있다는 보고가 들어왔다. 이순신 때문에 발이 묶여 있던 왜군 장수들도 서서히 그 뒤를 따랐다. 모두 500여 척에 이르는 대함대였다. 하지만 조선과 명나라의 배는 200여 척에 불과했다. 이순신은 함대를 이끌고 노량 앞바다로 나아갔다. 시마즈가 광양만으로 들어오기 위해서는 수로가 좁은 노량을 지나야 한다는 걸 알기 때문이었다.

이순신은 진린에게 뒤에서 왜군의 퇴로를 막아 달라고 요청하였다. 그리고는 함대를 이끌고 노량에서 멀지 않은 관음포로 나아가 매복을 했다.

11월 18일, 무수히 많은 별들이 반짝이던 밤이었다.

이순신은 대장선에 놓인 장검을 바라보았다.

'크게 한번 휘둘러 휩쓸어 버리니, 피가 강산을 물 들이도다(일휘소탕 혈염산하)'라고 쓰여 있는 대장검이었다.

'이제 곧 이걸 들고 나가 적과 맞서 싸워야 한다. 적은 퇴로를 뚫기 위해 필사적으로 덤벼들 것이다. 나 또한 죽기를 각오하고 그들을 막아야 한다. 뚫으려는 자와 막으려는 자의 피할 수 없는 한판 승부다.'

이순신은 한밤중 배 위에서 손을 깨끗이 씻고 하늘에 무릎을 꿇고 빌었다.

"천지신명이시여! 왜적을 모두 물리칠 수만 있다면, 죽어도 여한이 없겠습니다. 부디 우리 조선 수군과 조선의 앞날을 지켜 주소서!'

그때 먼 하늘에서 큰 별 하나가 빗금을 그으며 떨어지는 게 보였다.

장수들이 기이하게 여기며 쳐다보았지만 이순신은 말없이 대장검을 더욱 굳게 움켜쥔 채 어두운 바다를 노려보았다.

그때였다.

"장군님, 노량 쪽으로 왜적의 함대가 다가오고 있습니다!"

군관 하나가 소리쳤다. 이순신은 마침내 깃발을 높이 올렸다.

"자, 이제 출격이다! 닻을 올려라! 속도를 올려라!"

격군들이 힘차게 노를 저으며 바다를 헤치고 나아갔다. 캄캄한 밤, 함대는 속력을 내어 왜선이 다가오는 노량 쪽으로 향하여 갔다. 드디어 왜군의 배가 점점 가까이 다가왔다.

"공격하라!"

이순신의 명령에 화포가 불을 뿜으며 날아가고 불화살이 공중으로 지솟았다. 숨 쉴 틈을 주지 않고 몰아붙이는 이순신의 선제공격이었다. 왜선의 옆구리에 구멍이 뚫리며 하나둘 바닷속으로 고꾸라지는 게 보였다. 콩 볶듯 조총을 쏘아 대며 다가오는 왜선을 향해 또다시 판옥선에서 천자총통이 날아가고 포수들은 쉴 새 없이 불화살과 유엽전*을 날려 보냈다.

왜의 장수들이 검은 안택선 위에서 수군을 향해 고함을 질렀다.

"당장 조선의 판옥선 위로 올라가라!"

간신히 화포를 피한 왜군들이 판옥선 갑판 위로 올라오려고 안간힘

---

* 살촉이 버들잎처럼 생긴 화살.

을 썼다. 하지만 조선 수군은 총포와 나무 몽둥이로 막아 냈다. 때마침 왜 함대 쪽으로 북서풍이 불었다. 이순신은 때를 놓치지 않고 전 수군에게 화포와 불화살을 퍼붓도록 하였다. 대낮처럼 환해진 바다에는 화약 연기가 가득했다. 여기저기 불붙은 왜선에서 왜군들이 비명을 지르며 바닷물로 뛰어들었다. 어느 틈에 왜선 150여 척이 침몰하고 150여 척이 부서지고 수많은 왜군들이 죽었다.

하지만 전투는 자정이 지나도록 끝나지 않았다.

당황한 왜 장수들은 남은 150여 척을 이끌고 서둘러 관음포 쪽으로 달아나기 바빴다. 부산포 쪽으로 도망간다는 게 조선의 바닷길에 어두운 탓에 관음포 쪽으로 뱃머리를 돌린 것이었다.

"이제 왜군은 독 안에 든 쥐이다! 공격하라!"

왜군이 호리병 모양으로 생긴 관음포로 들어가자 이순신은 더욱 거리를 좁히며 공격해 갔다.

점점 왜선과의 거리가 좁혀졌다. 양쪽 모두 비 오듯 조총을 쏘아 대며 맞섰다. 150여 척의 왜선 중에서 어느덧 100여 척이 조선 수군에게 빼앗기고 나머지 50여 척의 배만 남았다.

그러는 사이 11월 19일, 어느 틈에 어스름 새벽이 밝아 왔다. 바다 위에는 부서지고 불타고 물에 빠진 왜선들로 즐비했다. 그야말로 길고 긴 전쟁의 끝이 보이는 순간이었다.

'지금 이 순간, 이 노량 앞바다에서 전쟁을 끝내야 한다. 다시는 저 왜군이 이 바다를, 조선의 땅을 밟지 못하게 해야 한다. 다시는 힘없는 백

성들이 울지 않게 해야 한다.'

이순신은 넘실거리는 바다, 핏빛으로 물든 붉은 바다를 보며 다짐하였다.

"이제 거의 다 왔다! 왜선 한 척도 돌려보내지 마라! 공격하라!"

이순신은 북채를 쥔 손에 더욱 힘을 주었다. 관음포에 갇힌 왜선들도 어떻게든 빠져나가려고 총공격을 퍼부었다. 노량 앞바다는 한 치 앞도 내다볼 수 없을 만큼 치열한 공방전이 벌어졌다.

"방포하라! 방포하라!"

이순신은 북을 둥둥 치며 대장선 맨 앞에 서서 외쳤다.

그때였다. 밝아 오는 아침 햇살 속에서 왜선 하나가 슬금슬금 대장선 가까이 다가왔다. 그러더니 조총에서 튀어나온 총알 하나가 붉은 옷을 입은 이순신을 향해 화살처럼 날아왔다. 총알은 이순신의 왼쪽 겨드랑이를 뚫고 가슴을 파고들었다.

"으윽······."

이순신이 휘청이며 그 자리에서 쓰러졌다.

"아버님!"

"작은 아버님!"

아들 회와 조카 완이 놀라서 이순신을 부둥켜안았다.

"장군님, 장군니임!"

대장선에서 왜적과 맞서 싸우던 바우의 울부짖는 목소리도 들려왔다.

"싸움이 급하니 내가 죽었다는 말을 하지 말라······ 어서······ 나를 혼

자 두고 활을 들고 나가 싸워라. 적을 하나라도 놓아 보내지 말라…….”

이순신은 피를 흘리며 마지막이 될 명령을 남겼다.

"으흐흐흑!"

아들 회와 조카 완은 눈물을 삼킨 채 이순신 대신 대장기를 들었다.

이순신은 서서히 정신을 잃어 가면서 갑판 위에 누워 있었다.

"으흐흑, 장군님, 제발 일어나시어요. 제가 훌륭한 무인이 되는 걸 보여 드린다고 약속했잖아요! 그러니 제발, 제발 벌떡 일어나시어요. 으흐흐…….”

바우가 엎드려 울부짖는 소리가 아득하게 들려왔다. 멀리서 함성 소리, 화포 소리, 출렁이는 파도 소리도 들려 왔다.

그때 저만치 바다 위에서 흰옷을 입은 사람들이 너울너울 춤을 추며 다가왔다.

"통제사 어른, 장군님 덕분에 왜적이 물러가고 있습니다! 왜적이 도망가고 있어요!"

"그동안 정말 애쓰셨습니다. 이제 다 끝났으니 저희와 함께 전쟁 없는 편안한 곳으로 가시어요, 어서요!"

이순신은 사람들에게 이끌리듯 바다 위를 너울너울 날아갔다. 그러자 이제 막 전투를 끝내고 창과 화살을 든 채 환호하는 수군들이 보였다. 불타는 왜선들이며 바다에 빠져 허우적거리는 왜군들도 보이고, 피로 붉게 물든 바닷물도 보였다.

그 순간 이순신은 류성룡을 떠올렸다.

'영의정, 미안하오. 전쟁이 끝나고 술 한잔하자던, 바둑 한번 두자던 그 약속을 지키지 못하게 되었소. 그동안 나는 참으로 이 전쟁을 끝내고 싶었소. 왜적을 어서 몰아내어 내 나라 조선을 지키고 백성들이 편히 사는 세상을 보여 주고 싶었소. 그런데 이제 힘이 다하였구려. 먼저 가서 미안하오. 다만 전쟁 동안 틈틈이 일기를 써 두었으니 훗날 누군가가 그걸 읽고 다시는 이런 전쟁에 휩싸이지 않도록 방비를 잘하길 바랄 뿐이오. 그동안 참 고마웠소. 그럼, 우리 저세상에서 만나기를……'

이순신은 점점 더 먼 하늘로 올라갔다.

이제 신이 할 수 있는 일은 없사옵니다

'통제사, 그래, 거기 가니 마음이 좀 편하시오? 몹쓸 사람, 고약한 사람. 어찌 그리 갔단 말이오?'

류성룡은 사랑채에 앉아 떠나간 이순신을 떠올렸다. 이순신이 어떤 사람이었던가. 동료이자 친구이자 같은 생각, 같은 뜻을 지닌 동지가 아니었던가. 이순신이 없었다면 길고 긴 이 전쟁은 끝낼 수 없었을 것이다. 왜와 명나라 사이에서 임금은 허깨비처럼 그들이 하는 대로 조선을 나누어 가졌을지도 모를 일이었다. 이순신이 몸을 사리지 않고 왜적을 막아 냈기에 이 전쟁을 끝낼 수 있었다.

이순신이 죽던 날, 군사들은 이순신이 죽은 걸 모른 채 전투에 나섰다. 대장선에서 북이 울리고 대장기가 올라가 있어서 이순신이 죽었다는 것을 모른 채 죽기 살기로 싸운 것이었다. 그날 전투가 점점 막바지에 이르자, 왜군의 피해는 점점 커졌다. 500여 척에 이르던 왜선은 50여 척뿐이었다. 살아남은 왜 장수들은 하나둘 부산포 쪽으로 달아나기 시작하였다. 고니시 유키나가도 그중 하나였다.

왜선들이 달아나자 길고도 길었던 전쟁이 끝났다.

뒤늦게 이순신의 죽음을 알게 된 장수와 군사들은 갑판에 주저앉아 울부짖으며 애통해했다.

"장군님, 장군님!"

"장군님, 장군니임! 아이고, 장군님!"

애끓는 그들의 통곡 소리에 온 바다가 울릴 정도였다.

왜적에게 잡혀 있다가 이완의 도움으로 살아난 진린조차 자신을 구해 준 게 이순신이라고 믿고 있었다가 소스라치게 놀랐다.

"어른께서 오셔서 나를 구해 준 줄 알았는데 이 무슨 일이란 말입니까?"

평소 이순신을 존경하던 명나라 군사들도 눈물을 흘리며 슬퍼했다.

이순신의 시신이 갑판에서 내려져 뭍으로 올라오자 백성들도 땅을 치며 울부짖었다. 이순신 덕분에 목숨을 구한 사람들이었다. 먹을 게 없을 때 먹을 것을 마련해 주고, 왜적이 쳐들어오면 왜적을 막아 주고, 어버이처럼 자상하게, 때로는 호랑이처럼 무섭게 군사들을 다스리던 이순신이 없었다면 벌써 죽었을 목숨이었다.

"아이고오, 아이고오!"

이순신을 태운 운구 행렬이 남해를 지나 멀리 아산까지 이르는 동안에도 백성들이 달려 나와 제사를 지내고 수레를 붙들고 통곡하여 좀처럼 나아갈 수가 없었다.

"통제사, 벼슬아치들은 공을 때로는 모함하고 시기하고 곤경에 빠지게 하였지만 백성들은 공의 마음을 누구보다 잘 알고 있었던 것이오. 그러면 되었지 않소? 누구보다 백성들이 편안하길 바라는 공이었으니 말이오……."

류성룡은 사람들에게 전해들은 그때 일을 떠올리며 새삼스레 또다시 눈물을 흘렸다. 그러다 벽에 걸어놓은 관복이 눈에 들어왔다.

'통제사, 공이 세상을 떠나던 날인 무술년 11월 19일, 나도 파직당해 벼슬에서 물러났다오. 참으로 기이한 인연이지 않소? 똑같은 날 공은 세상을 떠나고 나는 벼슬에서 떨어졌으니 말이오. 어쩌면 하늘이 우리에게 전쟁을 막으라는 명을 내렸다가 전쟁이 끝나자 그 명을 거둔 것만 같구려.'

참으로 기이한 인연이었다. 어쩌자고 똑같은 날 한 사람은 전쟁터에서 목숨을 잃고, 또 한 사람은 파직을 당한 채 벼슬에서 내려와야 했던가. 마치 일부러 짜 맞춘 듯 두 사람이 함께 모든 걸 내려놓고 떠났으니 말이다.

'참으로 오랫동안 저 관복을 입고 궁궐을 드나들었소. 멀리 개성으로 평양으로 의주까지. 하지만 내 이제 저 옷을 입을 일이 없을 것이오. 다 부질없는 일, 벼슬이 무엇이오? 공이나 나나 개인의 욕심을 위해 그토록 높은 자리를 탐했소? 아니잖소. 우린 단 한 번도 자신의 탐욕과 공을 세워 이름을 떨치려 벼슬자리를 탐하지 않았소. 그런데 이제 와서 지난 모든 게 왜 이리 부질없게 느껴지는지.'

류성룡의 눈가에 스르륵 눈물이 비어져 나왔다.

그러자 마지막으로 궐을 나서던 날이 떠올랐다. 하늘에서는 진눈깨비가 내리고 차가운 바람이 옷깃을 파고드는 날이었다. 광화문을 지나 육조 거리를 지나 집까지 오는 동안 류성룡은 가마에 앉아 지그시 눈을 감고 있었다.

도요토미 히데요시가 죽고 왜군이 철수를 서두를 무렵 조정 분위기는 심상치 않았다.

류성룡에 대해 반감을 갖고 있던 조정 대신들은 어떻게든 류성룡을 자리에서 내쫓고 싶어 안달이 났었다. 그 빌미가 된 건 명나라 장수 양호였다.

조선 군사와 연합하여 가토 기요마사가 있는 울산성을 공격하다가 오히려 명나라 군사 1,000여 명을 잃고 3,000여 명이 부상을 당하는 큰 패배를 당한 양호는 명나라 황제에게 전사자가 고작 100여 명이라는 거짓 보고를 올렸다.

그 무렵 조선에 들어온 명나라의 병부조사 정응태는 양호가 거짓 보고를 했다는 것을 알고는 명나라 조정에 탄핵 상소를 올렸다. 하지만 조선 조정에서는 양호 편을 들어 그를 두둔하는 글을 써서 황제에게 올렸다.

'음, 괘씸한 것 같으니라고!'

마음이 상한 정응태는 장차 조선이 왜와 함께 명나라를 공격할지도 모른다는 장계를 보냈다. 이 사실을 안 조선 조정은 벌집을 쑤셔 놓은 듯 뒤늦게 야단이 났다.

"당장 가서 명 황제에게 이 일에 대해 해명을 해야 합니다!"

"그렇다면 전쟁을 도맡아 치른 영의정이 가야 하오."

대신들은 은근히 힘든 일을 류성룡에게 떠안겼다. 그러자 선조도 류성룡에게 명나라에 갈 것을 권했다.

"전하, 소인에게는 팔순이 넘은 노모가 계시옵니다. 언제 세상을 떠나실지 모르니 소인이 먼 길을 갈 수는 없사옵니다. 게다가 그건 명나라 안에서 일어난 문제이니 저희가 참견할 바가 아니라고 생각하옵니다."

류성룡은 간곡하게 거절의 뜻을 올렸다.

"뭐라? 영의정이 감히 주상의 뜻을 거역하겠다는 겝니까?"

류성룡을 눈엣가시로 여기던 북인 세력들은 일제히 비난을 퍼부었다. 그리고는 류성룡에게 '왜에게 한강 남쪽을 떼어 주고 화친하려 했다'는 죄를 뒤집어씌우고 쫓아내려 했다.

"전하, 서애는 그 옛날 퇴계가 하늘이 낸 젊은이로다, 하며 칭찬할 만큼 뛰어난 인재이옵니다."

"전하, 영의정을 쫓아내면 다시 정승을 뽑아야 하는데 그 누구를 뽑아도 류성룡을 대신할 수는 없사옵니다. 부디, 통촉하소서!"

류성룡을 아끼는 이원익, 이항복, 이덕형 등이 간곡하게 아뢰었지만 그의 벼슬을 거두라는 상소는 불같이 일어났다.

'이제 모든 게 다 끝났구나. 더 이상 벼슬이 내게 무슨 소용이랴.'

류성룡은 이제 자신이 떠날 때라는 걸 알았다. 낭떠러지 비탈길을 걷는 듯 아슬아슬하게 이어온 벼슬길이었다. 이제 모든 걸 내려놓고 쉬고만 싶었다.

류성룡은 담담히 선조 앞에 섰다.

"전하, 이제 신이 할 수 있는 일은 없사옵니다. 다만 전하께 간절히 한 말씀 올리옵니다. 전란은 언제든지 또 찾아올 것이옵니다. 부디 이 나라 백성들이 두 번 다시 그런 일을 겪지 않도록 해 주시옵소서."

류성룡은 스스로 벼슬을 내려놓았다.

하지만 류성룡을 미워하고 시기하던 대신들은 끝까지 자신들의 주장을 굽히지 않았다.

"전하, 류성룡 스스로 벼슬을 내려놓는 사직이 아니라 파직이어야만 마땅하옵니다."

결국 선조는 류성룡을 파직시키고 말았다.

류성룡의 귓가에는 궁궐을 나서던 그날, 가마 곁으로 몰려와 울부짖던 백성들의 울음소리가 들려왔다.

"나리, 참으로 억울합니다!"

"나리 덕분에 이 나라가 왜적의 말발굽에서 간신히 살아났는데 이렇게 쫓겨 가시다니요!"

백성들은 울며 가마 뒤를 따랐다.

그 뒤 선조는 류성룡에게 다시 조정으로 나와 달라는 공문을 내려 보냈다. 하지만 류성룡은 다시는 한양으로 올라가지 않았다.

이제 모든 건 다 지난 일이었다. 온몸과 마음을 다 쏟아 전쟁을 치르는 동안 류성룡은 지칠 대로 지친 상태였다.

류성룡은 모든 걸 다 접고 고향인 안동 하회로 돌아왔다.

'통제사, 나는 지금 고향으로 내려왔소. 모든 걸 훌훌 다 벗어던지고 홀가분한 몸과 마음으로 이리로 온 것이오. 공이 그 치열한 전쟁 중에도 틈틈이 일기를 썼다고 했지요? 아마도 그 일기들이 먼 훗날 누군가의 손에 의해 세상에 알려진다면 공이 얼마나 힘들게 이 나라를 지켜 냈는지, 얼마나 힘들게 살아왔는지 알 것이오.'

류성룡은 잠시 창밖으로 보이는 대나무 숲을 바라보았다. 아주 빽빽하고 쭉쭉 뻗은 대나무처럼 살아온 삶이었다. 외길을 걷듯 아슬아슬하게 지나온 세월이었다.

'통제사, 공이 전쟁 중에 일기를 썼듯 나 또한 이제부터 글을 쓰려고 하오. 그 책의 이름은 『징비록((懲毖錄)』이라 지었소이다. 징비란 공도 알다시피 『시경』에 나오는 '스스로를 미리 징계해서 후환을 경계한다'는 의미의 '여기징이비후환(予其懲而毖後患)'이라는 문

장에서 따왔소이다. 내가 겪은 칠 년간의 전쟁에 대한 모든 걸 될 수 있으면 자세히 기록하려고 하오. 이건 조선의 녹봉을 먹는 관리로서 전쟁을 막지 못한 죄, 백성들을 죽게 한 죄, 백성들을 울게 한 죄, 이 나라 산과 들을 피로 물들인 죄, 그 모든 죄를 지은 내 자신이 쓰는 반성문이오. 또한 후세 사람들이 부디 이 책을 읽고 앞으로 다가올 모든 전쟁을 피하고, 어려움이 닥쳤을 때 막아 내기를 간절히 바라는 마음으로 쓰려고 하오.'

류성룡은 잠시 생각을 접고 먼 하늘을 바라보았다. 마치 그곳에 이순신이 있는 것처럼 혼잣말을 했다.

"통제사, 아마도 내가 쓰는 책에 공의 이야기를 많이 쓸 듯하오. 공을 언제 처음 만났으며, 공과 함께 무슨 이야기를 하고, 우리가 그 힘들고 어려운 전쟁을 어떻게 견뎌 왔는지를…… 아아, 이 글을 쓰다 보니 공의 모습이 너무나 그립구려. 이제 온 세상은 매화꽃, 복사꽃이 피어나고 온 천지에 풀물이 들 터인데 나와 함께 술잔을 기울이며 허심탄회하게 이야기를 나눌 친구는 어디에도 없으니, 참으로 애달프구려. 내 글을 쓰는 동안 자주 공을 부를 테니 부디 꿈속에서나마 나를 위로해 주고 이 글을 다 마칠 수 있도록 힘을 주구려."

백발이 성성한 류성룡의 두 눈에선 뜨거운 눈물이 흘러내렸다.

류성룡은 소맷부리로 눈물을 닦고는 책상 앞에 단정히 앉아 붓을 들어 글을 쓰기 시작했다.

바로『징비록』의 시작이었다.

깊이 보는 역사

임진왜란 이야기

'그렇다. 나 또한 왜적에게 조선 땅 한 평,
바다 한 조각도 내줄 수 없다.
영의정, 나는 바다를 지킬 터이니
부디 영의정은 육지를 지켜 주십시오.'
이순신은 주먹을 불끈 쥐며 다짐했다.

임진왜란에서 백성들을 구하다!
이순신과 류성룡

'임진왜란'하면 우리는 이순신 장군이 금방 떠올라요. 뛰어난 전략과 전술로 왜군의 침략을 물리친 공이 크기 때문이에요. 그런데 이순신 장군이 임진왜란에서 당당히 활약할 수 있게 길을 열어 준 사람이 있답니다. 바로 류성룡 선생이에요.

류성룡은 이순신보다 3살 많은 동네 형으로 어렸을 때부터 같이 자랐어요. 류성룡은 어릴 때부터 남다른 자질을 갖고 있던 이순신을 눈여겨 보았어요. 그래서 벼슬길에 올라 나랏일을 할 때 이순신을 전라좌수사로 추천하였지요. 사실 처음에는 류성룡이 이순신을 추천하자 주변 사람들의 말이 많았어요. 하지만 이순신은 그 누구보다 전란에 대비한 준비를 철저히 하였고, 실제 임진왜란이 발발하자 눈부신 활약을 펼치며 위기에 빠진 조선을 구해 냈답니다. 임진왜란 당시 일어난 일들을 이순신은 『난중일기』로 남겼고, 전쟁이 종결된 뒤 류성룡은 이같은 전란이 되풀이 되지 않길 바라는 마음에 『징비록』을 저술했지요.

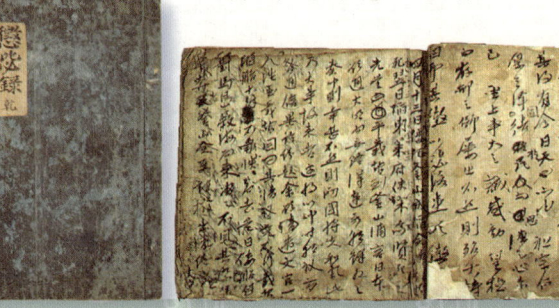

▲ 류성룡이 1592~1598년까지 전쟁의 과정을 기록한 『징비록』이에요. '징비'란 미리 경계하여 후환을 경계한다는 뜻이에요. 1712년 조정에서는 이 책의 일본 유출을 금할 정도로 귀중한 사료로 평가했어요.

조선 시대 임진왜란의 전개 과정

조선은 나라를 세우고 200년 동안 큰 전쟁이 없는 평화로운 상태가 유지되면서 군사력을 강화하는 노력을 소홀히 하였어요. 이 무렵 왜에서는 도요토미 히데요시가 100여 년에 걸친 내부의 혼란을 수습하고 전국을 통일했어요. 각 지역 무사들의 정복욕을 외부로 돌려 도요토미 정권의 안정을 꾀하고자 명나라를 치려고 하니 길을 빌려 달라는 구실로 조선을 침략했어요. 바로 임진왜란(1592년)이 일어난 것이에요.

전쟁 초기에는 왜군에 밀려 연이어 패배했어요. 임금인 선조는 명에 지원군을 요청하고 한양에서 의주로 피란을 떠났어요. 이 무렵 이순신이 이끄는 수군은 옥포에서 첫 승리를 거둔 뒤 왜군을 계속 물리치면서 바다를 지켜 냈어요.

전국 각지에서는 농민들이 주축이 된 의병이 일어났어요. 유학자, 승려, 농민들이 이끈 의병은 익숙한 지형과 그에 맞는 전술을 활용해 적은 병력으로 왜군에게 큰 타격을 주었답니다. 이러한 수군과 의병의 활약은 전쟁 초기 조선에 불리했던 전세를 뒤집을 수 있는 발판이 되었어요. 수군과 의병이 활약하는 가운데 관군도 재정비되어 왜군을 공격했어요. 또한 명나라의 지원군이 도착하면서 왜군을 경상도 해안 지방까지 밀어냈지요. 이후 왜군이 최후의 저항을 펼치는 과정에서 조선이 입은 피해도 엄청났어요. 그때 이순신 장군이 명량에서 왜군을 크게 무찔렀어요. 전세가 불리해진 왜군은 도요토미 히데요시가 죽자 본국으로 철수하기 시작했고, 노량 해전을 끝으로 7년간의 전란은 막을 내렸답니다.

▲ 1597년 울돌목에서 일어났던 명량 해전으로, 이순신은 12척의 배로 100척이 넘는 왜군을 격파했어요.

임진왜란을 승리로 이끌었던 비결

이순신이 이끄는 조선 수군은 왜군과의 20여 차례 크고 작은 전투에서 모두 승리하여 왜군에게는 두려움의 대상이 되었어요. 조선 수군이 승리할 수 있었던 이유는 무엇일까요?

1. 크고 튼튼한 판옥선과 돌격선인 거북선

조선의 판옥선은 왜선에 비해 크고 튼튼해서 거센 파도와 암초에도 끄떡없었어요. 바닥이 평평해 방향을 이리저리 바꿀 때에도 빨랐지요. 거북선은 판옥선에 철갑을 씌워 만든 배로, 커다란 쇠못을 박아 적군이 배에 오르지 못하게 했어요. 또한 거북선은 적진으로 돌격해 적의 대열을 흩어지게 하는 역할을 했답니다.

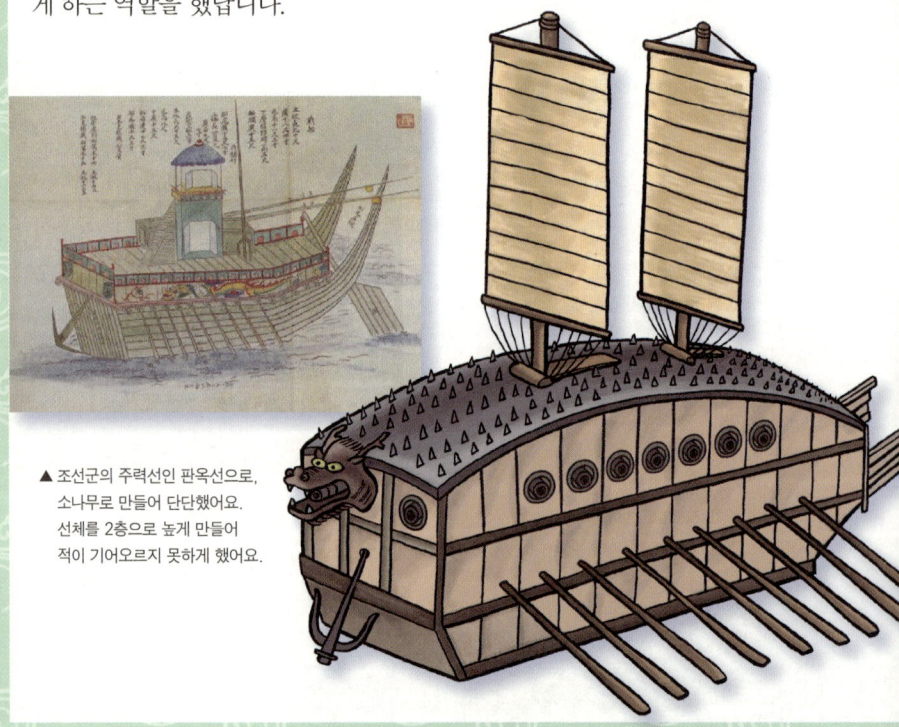

▲ 조선군의 주력선인 판옥선으로, 소나무로 만들어 단단했어요. 선체를 2층으로 높게 만들어 적이 기어오르지 못하게 했어요.

▲ 대포를 최대 24문까지 설치할 수 있었던 거북선으로, 사방으로 포를 쏠 수 있었어요.

2. 강력한 위력을 가진 화포

왜군은 조선군 가까이로 와서 조총을 쏘거나 배에 올라타 싸우는 전술을 사용했어요. 그러나 조선군은 사정거리가 긴 화포를 사용하여 멀리 있는 적군을 공격했지요.

▲ 거북선관 판옥선에 주로 설치했던 천자총통이에요.

▲ 화약을 이용해 화살이나 탄환을 발사하는 현자총통이에요. 이순신이 명량 해전에서 이 화포를 크게 활용해 왜군을 격파했어요.

3. 뛰어난 전략과 전술

이순신은 물살이 빠르고 바닷길이 복잡한 남해의 지형을 잘 이용했어요. 특히 학이 날개를 편 모양으로 적을 포위해 공격하는 학익진과 같은 전술을 이용하여 적을 물리쳤어요.

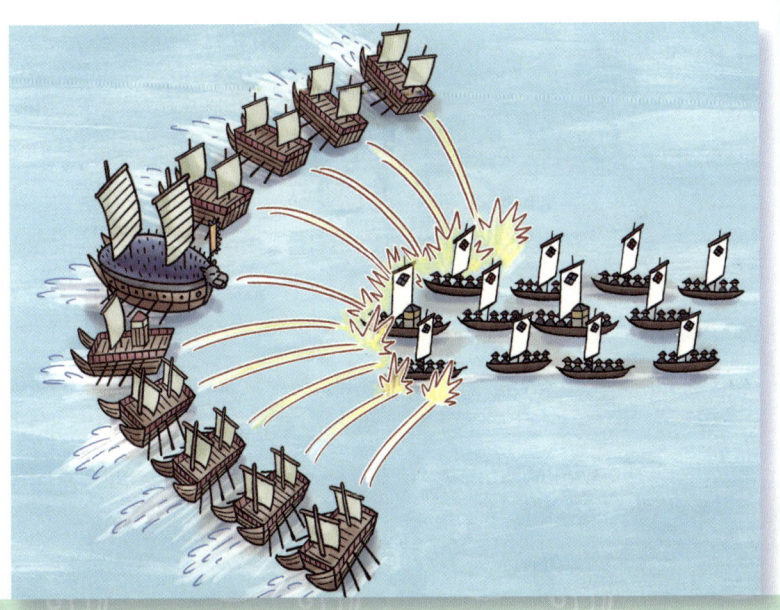

▶ 임진왜란의 3대 대첩 중 하나인 한산도 대첩에서 펼쳤던 학익진 전술이에요. 일자 형태로 진을 치고 있다가 적이 공격해 오면 중앙의 부대는 뒤로, 좌우의 부대는 앞으로 나아가 포위하는 것이지요.

치열했던 7년간의 대기록, 『난중일기』

『난중일기』는 이순신이 임진왜란 때 직접 쓴 일기예요. 임진왜란이 일어난 1592년부터 임진왜란이 끝나기 직전인 1598년를 보면 임진왜란 당시의 상황과 이순신의 개인적인 고민에 관한 기록들을 자세히 알 수 있어요. 7년 동안 왜군과 싸우면서 쓴 『난중일기』에는 백성들에 대한 사랑과 나라와 임금에 대한 충성이 잘 드러나 있어요. 또, 군사 체계와 전쟁에 대한 상황 등이 자세히 기록되어 있어서 조선의 군사 및 군역 제도 관련 연구에

임진왜란의 일등공신, 충무공 이순신

이순신은 32살이라는 늦은 나이에 무과에 급제해 벼슬길에 올랐어요. 하지만 불의와 타협하지 않는 강직한 성품 때문에 승진이 늦고 모함을 받는 등 어려움을 겪었지요. 그러던 중 류성룡의 추천으로 전라좌도 수군절도사가 되어 군사들을 훈련시키고, 거북선을 만들고 군량미를 확보해 불과 1년 만에 강력한 수군을 만들었어요.

1592년 임진왜란이 일어나자 이순신이 이끄는 조선 수군은 옥포, 당포, 당항포, 부산포 해전 등에서 잇따라 왜군을 크게 무찔렀어요. 계속되는 해전에서 모두 승리한 이순신은 전라도, 경상도, 충청도의 수군 전체를 지휘하는 삼도 수군통제사가 되었지요. 하지만 1597년 이순신은 모함을 받아 감옥에 갇히게 되었어요. 가까스로 죽음을 면한 그는 백의종군하며 복귀했지요. 다시 삼도 수군통제사에 임명된 이순신은 명량에서 12척의 함선과 120여 명의 병력을 거느리고 133척의 왜군과 대결해 크게 이겼어요. 하지만 노량에 집결한 왜군과 싸우던 이순신은 총탄을 맞아 1598년에 세상을 떠났어요.

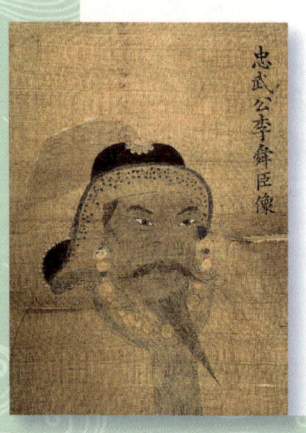

▲ 조선의 삼도수군통제사를 지낸 충무공 이순신 상이에요.

매우 중요한 역사적 자료로 평가되고 있어요.

▶ 국보 제76호로 지정된 『난중일기』로, '이순신 난중일기 및 서간첩 임진장초'의 이름으로 유네스코 세계기록유산으로 등재되었어요.

뛰어난 재상, 서애 류성룡

류성룡은 임진왜란이 일어날 당시 병조 판서로서 군사를 총괄했어요. 이후 영의정이 되어 선조의 피란을 돕고, 평양성 탈환에 공을 세웠지요. 또한 왜와의 화의에 반대하면서 군대를 충원하고 무기를 정비하는 데 큰 힘을 쏟았어요. 류성룡은 수많은 관직을 두루 거쳤음에도 불구하고 검소하게 지내 많은 사람들의 존경을 받았어요.

이후 류성룡은 고향에서 '지난 잘못을 반성하여 뒷날의 어려움에 대비한다'는 옛말을 새기며 임진왜란 당시의 기록을 담은 『징비록』을 지었어요. 류성룡은 부끄럽고 창피한 임진왜란의 기록을 정리하면서 여러 번 눈물을 흘렸어요. 전쟁으로 죄 없는 백성들이 목숨을 잃고 어려움을 겪는 것이 슬펐기 때문이에요. 하지만 류성룡은 임진왜란 당시의 상황을 자세하게 적어 갔어요. 왜군들에게 당한 것은 분하지만 왜 이런 일이 일어났는지를 꼼꼼하게 정리해서 이를 다시는 되풀이하지 않겠다는 뜻이 있었기 때문이에요.

함께 이루는 아름다운 순간

이순신

- **1545년** 서울 건천동에서 태어남.
- **1576년** 선조 9년(32세) 무과, 병과에 합격함.
- **1589년** 정읍 현감이 됨.

1540년 — 1560년 — 1580년

- **1542년** 경상도 의성현 사촌리 외가에서 태어남.
- **1566년** 문과에 급제함.
- **1588년** 형조 판서, 홍문관 예문관 대제학, 지경연 춘추관 성균관사가 됨.
- **1589년** 병조 판서, 지중추부사를 거쳐 사헌부 대사헌이 됨.

류성룡

1591년
선라좌수사가 됨.

1593년
삼도 수군통제사가 됨.

1594년
2차 당항포 해전에서 왜선 31척을 격파함.

1597년
원균의 모함과 당쟁으로 투옥 후 백의종군함. 명량 대첩에서 승리함.

1598년
노량 해전을 승리로 이끌었지만 왜적이 쏜 총탄에 맞아 전사함.

1643년
인조 21년 전사 45년 후 '충무'의 시호를 받음.

1590년 ──────────────── 1600년

1591년
좌의정에 오르고 이조 판서를 겸함. 이순신을 전라도 좌수사로 천거함.

1592년
영의정이 됨.

1593년
명군과 힘을 합쳐 평양을 탈환함.

1598년
북인들의 탄핵으로 영의정에서 파면당함.

1604년
고향 안동으로 내려가 『징비록』을 저술함.

1607년
세상을 떠남.

 작가의 말

얼마 전, 남산 아래에 있는 충무로에서 살 때였어요. 나는 시간이 날 때면 남산은 물론 낡은 건물과 집들이 다닥다닥 붙어 있는 인현동 쪽으로 산책을 슬슬 나가곤 했어요. 지금은 오래된 인쇄소나 종이 가게, 사진 스튜디오, 광고 회사들이 많이 있지만 예전에는 조선 시대 서민들이 살던 곳이었어요.

어느 날 거리를 걷다가 이순신 생가 터를 알리는 표지석을 보았어요. 이순신이 살았던 조선 시대 한성부 건청동이 지금의 인현동이거든요. 그 표지석을 보는 순간 나무칼을 들고 남산을 뛰어다니며 대장 노릇을 하던 당차고 뚝심 어린 이순신이 떠올랐어요. 어린 이순신은 그 무렵 형의 친구인 류성룡을 만나 이야기도 나누었겠지요.

같은 동네에서 잠시 살았던 두 사람의 인연은 훗날 임진왜란으로 위험에 빠진 나라를 구하는 재상과 장군으로 이어졌어요. 특히 임진왜란이 일어난 1592년부터 1598년까지 두 사람은 만나지 않을 때조차 늘 편지를 주고받으며 자신의 생각과 현재의 상황을 전하곤 했어요.

이순신과 류성룡은 그 누구보다 서로를 믿고 의지했어요. 이순신이 모함을 받고 백의종군을 당했을 때도, 가장 슬퍼하고 위로해 준 사람이 류성룡이었어요. 이순신은 류성룡처럼 자신을 알아주는 사람이 있기에 더욱 당당하게 왜군과 맞서 싸울 수 있었어요. 이순신이 판옥선과 거북선을 앞세우고 바다를 지키듯, 류성룡은 전쟁으로 어려운 나라 살림을 도맡으며 임금을 보필했어요.

하지만 안타깝게도 이순신은 노량 해전에서 숨을 거두고, 같은 날 류성룡은 파직을 당한 뒤 벼슬에서 물러났어요. 이순신은 전쟁 중에 『난중일기』를 남겼고, 류성룡은 전쟁이 끝난 뒤 후일에 똑같은 일을 당하지 않도록 『징비록』을 남겼어요.

그 어떤 순간에도 나라를 포기하지 않았던 두 사람은, 같은 하늘을 바라보며 같은 꿈을 꾸다가 이젠 하늘의 별이 되었어요.

임진왜란을 승리로 이끈 두 사람의 애틋하고 아름다운 우정을 통해 어린 독자들도 서로를 믿어 주고 용기를 주는 친구를 만들었으면 합니다.

— 동화작가 이규희

참고한 책

『난중일기』, 이순신 지음, 노승석 옮김, 여해, 2014
『이순신의 리더십』, 노승석, 여해, 2014
『전쟁의 신, 이순신』, 설민석, 휴먼큐브, 2014
『징비록』, 류성룡 지음, 김흥식 옮김, 서해문집, 2003
『이순신』, 김종렬, 비룡소, 2013
『류성룡의 징비록』, 류성룡 지음, 장윤철 옮김, 스타북스, 2015

*이 책에 실린 사진은 소장하고 있는 곳과 저작권자의 허락을 받아 게재했습니다. 저작권자를 찾지 못하여 게재 허락을 받지 못한 사진에 대해서는 확인되는 대로 허락을 받도록 하겠습니다.

토토 역사 속의 만남

신에게는 아직 12척의 배가 있습니다

초판 1쇄 2018년 8월 1일
초판 3쇄 2022년 5월 25일
글 이규희 | **그림** 이경석
기획·편집 박설아
마케팅 강백산, 강지연
디자인 나무디자인 정계수

펴낸이 이재일 | **펴낸곳** 토토북
주소 04034 서울시 마포구 양화로11길 18, 3층(서교동, 원오빌딩)
전화 02-332-6255 | **팩스** 02-332-6286 | **홈페이지** www.totobook.com
출판등록 2002년 5월 30일 제10-2394호
ISBN 978-89-6496-380-7 74810
　　　978-89-6496-266-4 (세트)

ⓒ 이규희, 이경석 2018

이 책은 저작권법에 의해 보호를 받는 저작물이므로 무단 전재 및 무단 복제를 금합니다.
잘못된 책은 바꾸어 드립니다.

제품명: 신에게는 아직 12척의 배가 있습니다 | 제조자명: 토토북
제조국명: 대한민국 | 전화: 02-332-6255
주소: 서울시 마포구 양화로11길 18, 3층(서교동, 원오빌딩)
제조일: 2022년 5월 25일 | 사용연령: 8세 이상
KC 인증 유형: 공급자 적합성 확인
＊KC마크는 이 제품이 공통안전기준에 적합하였음을 의미합니다.

⚠ 주의 아이들이 책의 모서리에 다치지 않게 주의하세요.